亮青春

青年精神素养提升知识简本

国网吉林省电力有限公司 编

中国电力出版社
CHINA ELECTRIC POWER PRESS

图书在版编目（CIP）数据

亮青春：青年精神素养提升知识简本 / 国网吉林省电力有限公司编．—北京：中国电力出版社，2023.10

ISBN 978-7-5198-7754-5

Ⅰ．①亮… Ⅱ．①国… Ⅲ．①电力工业－工业企业－企业文化－吉林 Ⅳ．① F426.61

中国国家版本馆 CIP 数据核字（2023）第 069593 号

出版发行：中国电力出版社
地　　址：北京市东城区北京站西街 19 号（邮政编码 100005）
网　　址：http: //www.cepp.sgcc.com.cn
责任编辑：石　雪　高　畅
责任校对：黄　蓓　马　宁
装帧设计：锋尚设计
责任印制：钱兴根

印　　刷：三河市万龙印装有限公司
版　　次：2023 年 10 月第一版
印　　次：2023 年 10 月北京第一次印刷
开　　本：710 毫米 ×1000 毫米　16 开本
印　　张：14
字　　数：202 千字
定　　价：75.00 元

企业宗旨

人民电业为人民

这是老一辈革命家对电力事业提出的最崇高、最纯粹、最重要的指示，体现了国家电网发展的初心所在。

牢记国家电网事业是党和人民的事业，始终坚持以人民为中心的发展思想，完整、准确、全面贯彻新发展理念，着力解决好发展不平衡不充分问题，全面履行经济责任、政治责任、社会责任，做好电力先行官，架起党群连心桥，切实做到一切为了人民、一切依靠人民、一切服务人民。

公司使命

为美好生活充电　为美丽中国赋能

意味着公司存在与发展的根本目的在于服务人民、服务国家。

彰显公司在社会进步和生态文明建设中的作用价值。

展现公司作为电网企业彰显价值作用的方式，以及由此产生的能动作用。自觉将企业改革发展融入党和国家工作大局，发挥电网企业特点和优势，在全面建设社会主义现代化国家、实现中华民族伟大复兴中国梦的历史进程中积极作为、奉献力量。

公司定位

国民经济保障者　能源革命践行者
美好生活服务者

国民经济保障者　深刻认识国有企业“六个力量”的历史定位，积极履行经济责任、政治责任、社会责任，为经济社会发展提供安全、可靠、清洁、经济、可持续的电力供应，在服务党和国家工作大局中当排头、作表率。

能源革命践行者　深入落实“四个革命、一个合作”能源安全新战略，充分发挥电网枢纽和平台作用，加快构建新型电力系统，在保障国家能源安全、推动能源转型、服务碳达峰碳中和中发挥骨干作用，成为引领全球能源革命的先锋力量。

美好生活服务者　始终坚持以满足人民美好生活需要为己任，自觉践行党的根本宗旨，把群众观点、群众路线深深根植于思想中、具体落实到行动上。

企业精神

努力超越　追求卓越

始终保持强烈的事业心、责任感，向着国际领先水平持续奋进，敢为人先、勇当排头，不断超越过去、超越他人、超越自我，坚持不懈地向更高质量发展、向更高目标迈进，精益求精、臻于至善。

国家电网有限公司司歌

光明之路

1=G 4/4

♩=118 明快、自豪地

大 江 蜿 蜒 高 山 巍 峨，追 光 的 身 影 一 路 跋 涉。
星 在 歌 唱 灯 在 闪 烁，阳 光 在 编 织 新 时 代 传 说。

你 我 胸 膛 初 心 依 然，就 像 烈 火 那 样 炽 热。
银 线 最 懂 万 家 心 愿，高 塔 情 牵 大 地 山 河。

忠 诚 担 当，求 实 创 新，追 求 卓 越，奉 献 光 明。

这 是 点 燃 青 春 的 嘱 托，平 凡 人 生 也 有 焰 火。
这 是 大 国 重 器 的 承 诺，更 高 更 强 电 力 之 歌。

𝄋 我 们 向 光 而 行，我 们 为 梦 拼 搏。奋 进 的 征 程

波 澜 壮 阔，光 明 的 事 业 闪 耀 中 国。(1.2.) *D.S.* 国。(3.)

光 明 的 事 业 闪 耀 中 国。

国家电网有限公司司徽

以国家电网企业标识为基础。

以国网绿为主体色，寓意公司坚持绿色低碳发展，积极推动能源转型，争当能源革命的推动者、先行者、引领者。

以球体加四条纵横经纬线为主体元素，寓意公司以“一体四翼”高质量发展全面推进具有中国特色国际领先的能源互联网企业建设，奋力谱写中华民族伟大复兴电力新篇章。

前言

青年强，则国家强。当代中国青年生逢其时，施展才干的舞台无比广阔，实现梦想的前景无比光明。广大青年，要坚定不移听党话、跟党走，怀抱梦想又脚踏实地，敢想敢为又善作善成，立志做有理想、敢担当、能吃苦、肯奋斗的新时代好青年。

近年来，国网吉林省电力有限公司党委坚持以习近平新时代中国特色社会主义思想为指引，始终牢记“国之大者”，深刻把握国有企业“六个力量”基本定位，紧扣“一体四翼”高质量发展，贯彻落实国家电网有限公司党组“55686”总体要求和“3334”电力保供关键之要，统筹发展和安全，统筹保供和转型，助力吉林新型能源体系建设取得新成绩，以吉林电网高质量发展推动吉林全面振兴取得新突破。

青春承重任，矢志尽韶华。广大青年作为生力军和突击队在推动公司发展中发挥着举足轻重的作用，特别是 2022 年 5 月实施青年精神素养提升工程以来，广大青年深入学习贯彻习近平总书记在庆祝中国共产主义青年团成立 100 周年大会上的重要讲话精神，在思想洗礼和实践锻造中增强做中国人的志气、骨气、底气，不断筑牢理想信念、赓续红色血脉、锤炼过硬本领，在电力保供、能源转型、安全生产、电网建设、优质服务、科技创新等各领域各战线作出了应有贡献。这样一支政治坚定、志存高远、脚踏实地、甘于奉献的青年队伍，是公司踏上新时代新征程，迎接新任务新挑战，创造新业绩新成就的最坚实保障。

立足新起点，国网吉林电力党委坚持党管青年工作原则，牢牢把握“为党育人”重大使命职责，深化党建带团建，着力建立青年精神素养提升长效机制，组织编写了这本《亮青春——青年精神素养提升知识简本》，旨在抓住青年学习成长的“黄金期”，引导广大青年坚定跟党初心、砥砺奋进之路，在全面建设社会主义现代化国家新征程中书写无悔的青春篇章。

一代人有一代人的际遇，一代青年有一代青年的使命。广大青年朋友们，让我们紧密团结在以习近平同志为核心的党中央周围，自觉将青春奋斗融入党和人民的电网事业，为全面建设具有中国特色国际领先的能源互联网企业贡献青春智慧和力量，不辜负党和人民的殷切希望！

编者
2023 年 9 月

目录

第一章

传承：肩负时代使命为国家增辉

中华民族是历史悠久、饱经沧桑的古老民族，更是自强不息、朝气蓬勃的青春民族。在 5000 多年源远流长的文明历史中，中华民族始终有着“自古英雄出少年”的传统，始终有着“长江后浪推前浪”的情怀，始终有着“少年强则国强，少年进步则国进步”的信念，始终有着“希望寄托在你们身上”的期待。千百年来，青春的力量，青春的涌动，青春的创造，始终是推动中华民族勇毅前行、屹立于世界民族之林的磅礴力量！

——习近平在庆祝中国共产主义青年团成立 100 周年大会上的讲话

铭记历史　传承电力奋斗精神

习近平总书记强调，要引导广大青年在思想洗礼、在实践锻造中不断增强做中国人的志气、骨气、底气，让革命薪火代代相传。公司青年要认真学习电力工业发展史和公司改革发展史，在厚重的历史中洗礼升华，深刻感悟和弘扬电力先进精神，传承红色基因和为民情怀，激发接续奋斗、永久奋斗的奋进力量。

从 1882 年在上海南京路上第一次装机发电以来，中国的电力工业至今已有一百余年历史。在新中国成立以前的 60 多年里，电力工业的发展极其缓慢，技术装备十分落后，到 1949 年底，全国发电装机容量为 185 万千瓦，年发电量仅 43 亿千瓦时，两项指标分别排在世界第 21 位和第 25 位。

新中国成立以后，电力工业有了较大发展，截至 1978 年，全国发电总装机容量约为 5712 万千瓦，发电量为 2565 亿千瓦时。党的十一届三中全会以来，电力改革一直走在前列，经过了“省为实体、集资办电”“政企分开、厂网分离、竞价上网”后，又向“管住中间、放开两头”的体制前进。经过 40 余年的努力，电力工业得到了迅速发展，截至 2021 年，全国全社会发电量为 85342.5 亿千瓦时，全国全社会用电量为 83128 亿千瓦时，全国全口径发电装机容量约 23.8 亿千瓦，全国发电设备利用小时数为 3817 小时。中国电力工业已经走在世界前列。

国家电网有限公司成立于 2002 年 12 月 29 日，是根据《公司法》设立的中央直接管理的国有独资公司，注册资本 8295 亿元，以投资建设运营电网为核心业务，是关系国家能源安全和国民经济命脉的特大型国有重点骨干企业。公司经营区域覆盖我国 26 个省（自治区、直辖市），供电人口超过 11 亿。近 20 多年来，国家电网持续保持全球特大型电网最长安全纪录，成为世界上输电能力最强、新能源并网规模最大的电网，专利拥有量持续排名央企第一。公司位列2022年《财富》世界500强第3位，连续18年获国务院国资委业绩考核A级，连续10年获得三大国际评级机构国家主权级信用评级，连续7年获得中国500最具价值品牌榜首，连续5年位居全球公用事业品牌50强榜首，是全球最大的公用事业企业。

吉林省作为东北电力发展的先驱，也是我国电力发展的先驱。1908年，吉林市宝华电灯股份有限公司建成投产，50盏大灯、2000盏小灯同时亮起，标志着吉林省进入了有电社会。历经几十年战争的磨难，到1949年，吉林省的发电设备装机容量只有22.6万千瓦，22千伏及以上输电线路只有2704千米。1954年，吉林电网有了全国第一条自己设计、自己施工的220千伏输电线路。1958年，我国第一台进口10万千瓦汽轮发电机组在吉林电网投产。1970年以前，吉林电网发电装机容量连续20年保持全国第二；丰满水电站曾是吉林电网管辖调度的全国乃至全亚洲规模最大的水电站，为中国电力事业输送了大批人才。1986年东丰500千伏变电站并网运行。这座变电站通过500千伏丰辽线与辽宁辽阳相连，联系辽宁、黑龙江和内蒙古东部的环状网架。500千伏丰辽线提高了吉林地区电网输送能力，满足了丰满、白山水电厂发电上网需求，为东北重工业基地的发展提供了坚强的保障，也标志着吉林电网建设水平提升到了一个新的高度。1993年，500千伏东长哈输变电工程竣工投产，成为第一条贯通东北三省的电力“大动脉”，东北三省的500千伏电网实现联网。进入新世纪，500千伏辽长吉哈佳、方牡敦包、平包东、辽吉四回等输变电工程相继竣工投运。2011年，吉林电网基本形成“井字形”主干网架。2018年，吉林至扎鲁特500千伏配套输变电工程建成投运，吉林电网接入特高压电网。目前，吉林电网是东北“北电南送”的重要输出通道之一，是东北电网重要的电力交换通道，对东北电网安全稳定运行至关重要。截至2022年年底，吉林电网共有500千伏变电站17座，变电容量3106万千伏安，线路总长度5667千米；220千伏变电站102座，变电容量2808万千伏安，线路总长度13969千米；66千伏变电站943座，变电容量2765万千伏安，输电线路20374千米。经过多年建设，吉林省 500 千伏电网已形成以合心、包家、东丰、梨树为支撑的两横两纵“井”字形电网结构，“北电南送、东西互济”的能力得到大幅提高；各地区 220 千伏电网以 500 千伏变电站为依托形成环网结构，长春、吉林、延边已经形成城市双环网。

幸福都是奋斗出来的。习近平总书记在北京大学考察时，向青年一代强调道：“社会主义是干出来的，新时代也是干出来的。”国网吉林电力今天的发展和成就，是一代代吉林电力人筚路蓝缕的奋斗成果；公司明天的发展和辉煌，需要一代代吉林电力青年接续奋斗。

【延伸阅读一】

宝华电灯厂：吉林电业的火种

白山东峙，松水北流，吉林省这块 18.7 万平方千米的土地，曾两度遭受帝国主义的野蛮践踏，百业凋零，民不聊生。当西方世界已进入五光十色的电气时代，满目疮痍的吉林大地，却依然停留在油灯、蜡烛的微光照明之中……

吉林省河川纵横，煤藏丰富，具有大规模发展水、火发电的得天独厚的自然条件。但因清政府腐败，吉林省丰富的电力资源，一时成为帝国主义觊觎、掠夺的主要目标。1905 年，日本帝国主义攫取了中国东北铁路沿线的电业经营权。鉴于电力主权行将落入日本帝国主义之手，东北官民力图自强，在各主要城市合力谋求振兴自己的电力事业，与日本电力企业相抗衡。1906 年（光绪三十二年）11 月，胡廷儒呈请创办吉林省城电灯公司。

1907 年 11 月，经吉林将军达桂核准，任命蔡济勤为经理，集白银 20 万两，购买德国西门子 250 马力（186.5 千瓦）旧发电机一台，兴建吉林省第一座官督商办的电厂——宝华电灯厂，1908 年开始发电。从此，吉林省结束了长期的油灯时代，填补了无电的空白。1910 年（清宣统二年），南满洲铁路株式会社（简称“满铁”）在南满铁道的终端站长春修建发电所，翌年，长春地方政府于长春商埠相继修建了长春电灯厂。至清末，吉、长两地共建3座照明用的小电厂，均为手动式低温低压小机组。这就是吉林电业发展的初级阶段。

民国成立之初，吉林省民族电业进入发展阶段。中日双方除继续扩建原有电厂外，“满铁”又在沿线大站公主岭、四平街修建发电所。同时，吉林省辽源（郑家屯）等20多座电灯厂次第兴起，以抵制“满铁”对吉林省电业的垄断。1926年6月，“日本南满洲电气株式会社”成立，专司经营日本在东北三省南部租借地的电力事业，还力图把经营权扩大到租界之外，并于1929年开始向公主岭等地送电。在此期间，吉林省又相继兴建三岔河等10余座小电灯厂，其规模已发展到大多数县城和部分厂矿，并改变了夜送昼停的原始面貌，实行昼夜供电。

随着吉林省电力事业的发展，中日在电力方面的对立越来越严重，尤其长春、四平两个城市，中日双方各有电厂分别供电，并不断扩大各自的规模，竞争日益激烈。19世纪20年代末期，在中国政府回收主权运动的推动下，曾一度把日本人的电力经营权限制在南满铁路沿线和租借地区，不准其越界扩展。但日方企业依靠其技术设备先进，资金充足，肆无忌惮向中方企业侵袭，并兼并部分电灯厂，使吉林省民族事业的发展步履维艰。

1931年，日本侵占我国东北，继续对吉林省小电灯厂进行收买和兼并，以实现其统一东北电力事业的野心，致使吉林省多年惨淡经营的电力事业，随着国土的沦陷而趋于泯灭。1937年，日本大规模开发水电、大机组坑口火电，并把吉林、长春、四平、辽源等地联成跨区超高压网络。

【延伸阅读二】

丰满水电站：从火电到水电的转变

提起东北电力工业发展历史，就不能不提到丰满水电站。丰满水电站位于吉林省吉林市境内的松花江上，1937年日本侵占东北时期开工兴建，是当时亚洲规模最大的水电站，发源于长白山天池的松花江水力资源极其丰富，日本侵略者对此垂涎三尺。1937年，日本关东军司令部先后两次指令其扶持的傀儡伪满洲国出面，5年内在松花江上建成18万千瓦的丰满发电厂（当时称谓），1942年大坝蓄水，次年5月首台机组投产发电。

日本侵略者从吉林省内抓来18000多名劳工、战俘和“勤劳奉仕队”，于1937年11月破土动工。日本侵略军在四周布满电网、铁丝网，劳工们在军警严密监视下，在工头皮鞭威逼下，在吃不饱、穿不暖的恶劣条件下，从事着非人的劳动。在长达9年多的艰苦岁月里，投入丰满的劳工总数超过10万人，平均每天有1万多名劳工在工地上劳动，其中被打死、累死、病死、冻死、事故死亡及被镇压和杀害的人至少有6500人，惨死的劳工尸体被扔进“万人坑”。然而，直至日伪投降时，大坝也未完工，留下一个“烂摊子”。

中华人民共和国成立后，“丰满”回到人民的怀抱。建设者们齐心协力搞生产，1953年基本完成大坝建设。丰满水电站建成后，实现了全省水电、火电并列运行，并首次出现超高压输电，以154千伏和220千伏电压向东北三省输电，使吉林成为当时有名的“电都”。丰满水电站把过去电网中唯一的火电降为辅助地位，确定了水主火从的地位。当时，丰满水电站的装机容量和发电量均占东北电力系统的一半以上，担负着东北地区国民经济恢复和全国解放战争、抗美援朝战争军工产品生产的主要供电任务。

【延伸阅读三】

送电人四十余载薪火传
新征程"三坚"精神美名扬

20世纪80年代，随着改革开放浪潮涌动，电力工业迅猛发展。1982年，辉南送电迎来了自行运维的第一条220千伏输电线路——白梅甲乙线。随着时代更迭，辉南送电人在变与不变中笃定前行。

辉南送电班现有27名工作人员，担负着总长938.96千米的17条输电线路运行与维护工作，其中6条220千伏线路属省间联络线。维护线路横跨桦甸市、靖宇县、磐石市、辉南县、梅河口市、柳河县、东丰县7个县市，60%线路穿梭于长白山山脉，平均海拔在500米以上，具有电力线路长、地形复杂、环境多样等特点。

在40年的时间里，辉南送电人扛起"电网建设主力军、运维检修主攻手、应急抢修排头兵"的三大重任。一代又一代辉南送电人，在大山里磨炼出坚定不移的意志，在铁塔上锻炼出坚持不懈的品格，在电网建设中锤炼出坚韧不拔的毅力。他们见证并参与了辉南输电网从无到有，从弱到强；他们老带新、师带徒，传承的是技术，传承的是技能，更传承了辉南送电人"坚定不移、坚持不懈、坚韧不拔"的"三坚"精神。

在40年时间里，春夏交替、四季更迭，一代又一代辉南送电人，接过一棒又一棒接力棒，他们始终秉承着"人民电业为人民"的初心和使命，对一座座铁塔精心运维，对一条条银线用心呵护，默默守护着电网的安全

稳定运行。

在40年时间里，输电线路在变，作业技术在变，工作人员也在变，但辉南送电人的“三坚”精神从未改变。

【延伸阅读四】

破晓之光——逆境中诞生的“老变”

说起“老变”由来，就得从“日俄战争”讲起。

1905年12月22日，日本借“日俄战争”战胜沙俄之势，强迫清政府签订了《中日东三省事宜条约》，包括长春在内的16座东北城镇被迫开埠通商。

为了更好地掠夺中国的资源，1907年，日本在长春成立南满洲铁路株式会社（简称“满铁”），提出在满洲铁路沿线主要城市发展电力事业的规划。

1908年，“满铁”为解决沿线主要车站及附属地的发电问题，选择在“满铁附属地”内高砂町四丁目二号（现铁北二路31号）修建发电厂。1909年12月，长春发电所竣工发电并开始向长春“满铁附属地”内供电。

1931年，震惊中外的“九一八”事变爆发，作为吉林北部的咽喉，同时也是南满铁路的终点，长春被日本侵略军占领，成为继续侵华的后方基地。零散、低等级、不稳定的供电已开始阻碍日本侵华的进程。

1934年11月1日，日本满洲电业股份有限公司（简称“满电”）成立，1938年改名为满洲电业株式会社，加速了日本侵占东北电力事业的步伐。

随着城市的发展和日本侵略扩展对电力的巨大需要，日本加紧对东北资源的掠夺。经过多方论证和调研，1937年5月，日伪水电局长本间德雄（日本水力发电专家）正式提交了一份《丰满发电所计划书》，这也是日本策划全面侵华前夕，在电力保障方面的计划之一。

1937年7月7日，“七七事变”爆发，当月，日本正式在松花江上游开工，计划5年内建设18万千瓦的水电站，为全面侵华战争做好物资保障。

与此同时，如何将建成后丰富的水电输送到各地，进而构建东北地区电网的计划也在紧锣密鼓地进行。修建一座高电压等级的变电站迫在眉睫。1938 年，建设新京变电所的计划紧锣密鼓地展开。

1942 年，在长春伊通河畔一个当时叫小河沿子的村庄，长春第一座一次变电站悄然开工。

1943 年 4 月 2 日，这个由日本“满电”建设的新京（长春）一次变电站建成，占地面积 62500 平方米。主变压器 154/44 千伏 10000 千伏安（临时）部分竣工交付使用。“老变”就此诞生。

同年 5 月，当时中国最高电压等级线路 154 千伏松（丰满）京（长春）线建成并送电至一次变电所，形成了超高压电网，丰满水电厂开始为长春供电，至此长春开始有了稳定的电源。新京（长春）一次变电所的投运使长春市由孤立电网成为东北电网的一部分。

1943 年 10 月 21 日，新京（长春）一次变电所安装 154/66 千伏 25000 千伏安主变压器四台（一台备用），并投入运行。

直至 1945 年“八一五”光复，日本在东北的电力掠夺一直没有停止，而新京一次变在东北电网的地位举足轻重。

风雨飘摇——电网火种的守护者

“老变”的诞生，承载了太多不得已，微弱的民族之光在风雨飘摇中艰难维系。

1945 年 8 月 15 日，日本帝国主义在第二次世界大战中战败，宣布无条件投降，伪满洲国垮台，满洲电业株式会社亦随之解体。日本开始全面撤退。

当时的电力技术都掌握在日本人手里，中国人只能做一些外围的工作，无法进入变电站的核心区域。日本宣布投降后，紧急撤退的日本技术员按照上级指令，企图把新京一次变原始资料全部烧毁，彻底切断东北电力事业的发展。而这个阴谋被在那里做“博役”（勤杂工）的赵金城、谭炳春发现。他们肩负民族大义，不顾个人安危，扣住了一个叫小山的日本技术员，要求他必须交出图纸。几经周旋，虽然只抢下了四张电气接线图和几张变电所室内机械装置图，勇毅的中国一次变勤杂工还是守护住了东北电网火种。或许当时的日本人不会想到，曾经的“博役”赵金城在新中国成立后当上了长一变的第四任站长。

星星之火，可以燎原。如今，吉林省电网已拥有66千伏以上变电站1113座，输电线路总长3.89万千米，成为东北电网北电南送的重要通道。

浴火重生——注入红色基因的“老变”

1945—1948年，处于解放战争时期的长春，经历了日本人、苏联人、国民党的轮番接手，国民党政府无暇顾及电力建设，供电线路和变电所设备均遭战火破坏，长一变也未能幸免。

1947年10月20日，长春市与丰满水电厂的唯一通道——154千伏松京线遭战火破坏，全市停电。11月，国民党启动长春发电厂，用征购煤掺豆饼做燃料发电，仅对公共事业、粮谷加工和国民党军政机关供电。1948年1月，因燃料告罄而终止发电。

1948年2月，长一变1号主变压器被国民党炮火击中烧毁，还波及到了邻近的2号主变压器，全城的供电线路遭到破坏，像面条一样耷拉在电线杆上。

一直到10月，由于全市无电，各二次变电所的主变压器和配电变压器绝缘油被国民党军队倒出，用于擦枪和点灯照明，送配电线路遭到严重破坏，整个长春在黑暗中等待着“浴火重生”。

1948年10月19日，胜利的号角在长春上空响起，长春解放。当日，人民政府就组织电业工人成立抢修队，修复被损坏的电气设备。晚七点，由丰满发电厂以44千伏电源向长春送电。但由于设备和线路损坏严重，长春依然处于黎明前的黑暗。

此时，长春大部分电力设施及发电厂都被破坏。而长春电网只有丰满水电厂一个电源。长一变若修不好，长春就无法供电。长一变的修复成了长春复电的关键。

为了使长春尽快恢复光明，上级党组织派出5名地下党员抵长驰援，从此，“老变”血液中注入了红色基因。

面对几乎被炸毁的长一变，老一代“老变”人在一无图纸、二无技术人员、三无检修大变压器经验的极难条件下，进行恢复重建。

这是一场艰苦的大会战，“老变”人不讲条件、不计代价、不畏艰辛，全身心投入重建工作。

在解放长春时，国民党拿电缆沟盖板去修炮垒。新中国成立后，物质条件极度匮乏，“老变”人把电缆沟盖板刨出来，几个人抬着拉回变电所。他们没日没夜地用手提用肩扛，每个人的肩上伤痕累累，手上满是血泡。

重画图纸、重建站房、重敷电缆、重立设备……没有大型机械，没有技术参照，他们总结经验、自研方法，加快变压器的修复进程。就这样，“老变”在一片废墟上得以重建。新中国成立后的第四天，长春即恢复了光明。在不到 10 天的时间里，长春市内恢复了全部供电。40 天后，整个长春地区电网恢复正常运行。

如何恢复“老变”，是摆在“老变”人面前的最大问题。为了弄清楚长一变接地网的真实情况，全所职工在党支部的领导下，利用休班时间，以“愚公移山”的精神，一锹锹挖开了一米多深，长达 1000 米，上千立方米的土方，查清了接地线的全部底细，并绘制了图纸。那时在检修组的同志说：“这里的工作不是以时间计算而是看任务需要，只要工作忙，休班的同志也前来抢着干。”

正是凭借着这股“不怕困难、干劲冲天”的劲头，1950 年 12 月，长一变安全运行 1000 天，得到东北工业部奖励。到 1952 年底，长春市的供电能力已经恢复到中华人民共和国成立前的最高水平。

长一变在老一代“老变”人的艰苦卓绝中，重拾了生命、重燃了生机，在新中国恢复建设中扮演着重要角色。而“老变”人伴随着“老变”的成长，也在顽强坚韧中干出了自己的精彩。

国企担当　发挥“六个力量”作用

2016 年 10 月 10—11 日，习近平总书记在全国国有企业党的建设工作会议上强调，国有企业要成为党和国家最可信赖的依靠力量，成为坚决贯彻执行党中央决策部署的重要力量，成为贯彻新发展理念、全面深化改革的重要力量，成为实施“走出去”战略、“一带一路”建设等重大战略的重要力量，成为壮大综合国力、促进经济社会发展、保障和改善民生的重要力量，成为我们党赢得具有许多新的历史特点的伟大斗争胜利的重要力量。

国家电网有限公司党组始终在思想上政治上行动上同以习近平同志为核心的党中央保持高度一致，坚定政治自觉，强化政治担当，把服务经济社会发展和满足人民群众日益增长的美好生活用能需求作为根本出发点，以上率下作表率，持续用力抓落实，在统筹推进疫情防控和服务经济社会发展工作中，高举习近平新时代中国特色社会主义思想伟大旗帜，认真学习贯彻习近平总书记重要讲话精神，增强“四个意识”，坚定“四个自信”，做到“两个维护”，拥护“两个确立”，落实“两个一以贯之”要求，深入贯彻新发展理念和“四个革命、一个合作”能源安全新战略，完善中国特色现代企业制度，确立“建设具有中国特色国际领先的能源互联网企业”的战略目标，提出“一体四翼”发展布局（持续做强“一体”业务，加快电网向能源互联网升级，大力推动“四翼”业务发展，积极稳妥发展金融业务，稳妥拓展国际业务，优化发展支撑产业，大力发展战略性新兴产业），践行国有企业“六个力量”新的历史定位。

公司广大青年要牢记习近平总书记关于国有企业“六个力量”新的历史定位，忠实践行习近平总书记视察吉林重要讲话重要指示精神，在加快建设具有中国特色国际领先的能源互联网企业、服务全面建设社会主义现代化新吉林中谱写新篇章、贡献新力量；公司广大青年要传承“人民电业为人民”的企业宗旨，始终践行以人民为中心的发展思想；公司广大青年要肩负“为美好生活充电，为美丽中国赋能”的公司使命，在实现“两个一百年”奋斗目标的历史进程中积极作为、奉献力量；公司广大青年要聚焦“国民经济保障者，能源革命践行者，美好生活服务者”的战略定位，从经济、能源、社会三个方面准确把握企业的发展方向，奋勇争先，再创辉煌。

【延伸阅读一】

在大战中践行初心使命　在大考中交出合格答卷

——国网吉林电力2020年工作纪实

2020年上半年极不平凡。面对前所未有的疫情和疫情带来的前所未有冲击，国网吉林电力党委认真学习习近平总书记系列重要讲话和重要指示批示精神，全面贯彻国家电网有限公司党组各项决策部署，落实省委省政府各项工作部署，以使命追求，战困难，育新机；以责任担当，迎挑战，开新局，做到了两手抓，实现了双胜利。

在抗疫情保供电中展现“顶梁柱”作用

坚决落实国家电网有限公司“一个提高，六个强化”总要求，认真执行地方党委政府防控部署，全力以赴抗疫情、保供电、保安全。**守住了疫情防控底线。**坚持把职工生命健康放在首位，严格落实“四早”“四清”等要求，实施全员、全方位、全流程管控，持续保持“双零”状态。有力应对舒兰聚集性疫情，国网吉林供电公司全面落实省公司要求，各单位全力以赴，确保无一人感染。针对全球进入“与疫同行”新阶段，全力保障省外、境外3255名管理及施工人员防疫安全。**确保了防疫可靠供电。**细化“战时”供电保障机制，坚持“一院一策一队”，实现72家定点医院和170家医学隔离观察点等重要用户抗疫保电“零故障”、全省1507万用户供电服务“不间断”。对居民客户实行欠费不停电、不收滞纳金，对困难企业实施延期交费，惠及9.86万户居民、178户企业，为打赢全省疫情防控阻击战作出积极贡献。**保障了电网安全稳定。**深刻吸取事故教训，4次召开安委会压紧压实各级责任。启动安全生产专项整治三年行动，深入开展春季安全大检查、安全生产月等活动，排查整治隐患339项。落实安全费用投入1.04亿元。组建省公司级安全督察队，查纠违章740次、处罚457人次。2301项春检作业全面完成。国网吉林检修公司圆满完成茂胜变重大隐患治理。国网松原供电公司深化用电信息采集系统应用，省内率先实现66千伏、10千伏变压器监测全覆盖。1032座在运变电站消防取证完成87.6%，白城、白山、通化、延边和四平完成率100%。周密部署迎峰度夏，开展大面积停电应急演练，整改加固9处防汛隐患和573处重点部位。实现813座变电站网络安全监测装置全覆盖。圆满完成习近平总书记在吉林视察期间特级供电保障和全国两会、高考等重要活动保电任务。

在保障复工复产中体现使命担当

围绕助“六稳”、促“六保”，落实国家电网有限公司42条措施，承接落地34项举措，以实际行动助力复工复产，稳定社会预期，提振社会信心。**电网建设复工快。**制定并升级复工疫情防控工作方案，严格履行“11必查”，45项电网建设工程提前完成实质性复工。默—拉直流等4项境外工程始终保持施工状态，国网吉林送变电公司承建的青河特高压直流、张北柔性直流工程所在标段首家实现全线贯通，白城光伏领跑者送出工程按期完成，吉林中部500千伏电网完善工程提前1个月开工。依托长春洋浦220千伏变电站，建设省内电网工程高质量示范工地。完成建设周期过长工程9项，国网辽源、延边、通化、白山、白城等供电公司实现“清零”，特别是国网四平供电公司多方协调，解决了立业变电站66千伏送出工程历史难题。各供电公司及建设分公司、新能源集团等单位克服疫情影响，全力推动重点项目建设，有力带动上下游产业复工复产。**不折不扣降电价。**坚决执行国家降价政策，从2月份开始降低大工业和一般工商业电价5%，惠及企业客户153万户，上半年减免用户电费3.63亿元，预计全年减免10.18亿元。**多措并举促复产。**“复工电力指数”分析成果专题纳入《每日政务要情》，为政府决策提供重要支撑。构建行业稳态分析模型，以电力视角精准透视经济发展趋势。主动扩招稳就业，应届高校毕业生招聘同比增长25%，定点扶贫县贫困农民工招聘148人，省里主要领导认为国家电网“解民忧、纾企困”的实招硬招“操作性强，含金量高”，社会各界纷纷点赞。

在落实重大部署中扛起央企责任

坚持以真情、实干和服务融入地方党委政府工作大局，助推中央决策部署在吉林落实落地。**助力脱贫攻坚。**6个国家级贫困县户均配变容量达到2.3千伏安。提前6个月完成56个抵边村寨电网升级改造任务。开展扶贫产品“三进”活动，完成消费扶贫829万元。累计派驻113名扶贫干部，帮扶2852户贫困户、5657人实现脱贫。国网吉林电力在省内2019年度脱贫攻坚成效考核中被评为“优秀”。**促进清洁发展。**多措并举提升新能源消纳水平，新能源利用率98.1%，同比上升1.1个百分点。新能源云全流程业务贯通，接入新能源电站126座，装机812.3万千瓦。源网荷储市场化消纳清洁能源1.42亿千瓦时，降低用户成本908万元，风电企业增收4380万元。完成电能替代电量15.6亿千瓦时，同比增加6.7%。国网延边、白山供电公司加快实施42个边防哨所煤改电，为固边守边兴边提供国网绿色保障。**服务新基建项目。**组织工作专班受托编制省“十四五”电力规划，引领吉林能源电力科学发展。协助推进新基建“761”工程，提出“高、低、充、联”项目，得到省主要领导高度认可和支持。**推进改革攻坚。**加快推进20项年度重点改革任务，首批完成交易机构第一轮股份制改造，提前3个月完成省管产业单位改革，平稳完成退休人员社会化管理移交，市县公司模拟法人管理、国网吉林供电公司内部职业经理人选聘、国网吉林送变电公司引入市场化运营机制等试点初见成效。深化月度考核工作机制，充分发挥绩效考核“指挥棒”作用，实现优胜劣汰。**优化营商环境。**推行阳光业扩，推广线上办电，高、低压客户平均接电时间分别压缩至44.66天和9天，持续推进30项常用办电业务实现“一次都不跑”。巩固长春地区小微企业“三零”成果，优化接入工程项目管理模式，提高省会城市获得电力水平。52个供电服务窗口进驻政务中心，方便客户“一件事一次办”。

【延伸阅读二】

凝聚抗疫保电伟力　守护白山松水光明

——国网吉林电力2022年抗疫保电工作纪实

在抗击疫情的战斗中，如果奉献有颜色的话，那么，和“医护白”“志愿红”一起闪亮在一线的，是那守护万家灯火的国网绿！

2022年2月末，新冠肺炎疫情突袭吉林省，随着新增本土确诊病例和无症状感染者不断增加，一场抗疫情、保供电的遭遇战，伴着纷纷飞雪的“倒春寒”在吉林大地打响。

国网吉林电力坚决落实吉林省委省政府和国家电网有限公司疫情防控要求，始终牢记“为群众办实事”的初心使命，践行“人民电业为人民”的服务宗旨，闻令而动，向疫而行，以“快实优严稳”工作总基调，实施“345”抗疫保电工作举措，践行“困难面前有电网，电网面前无困难”的铿锵誓言，用心守护、用爱担当，牢筑疫情防控的光明防线，助力全省取得防疫攻坚战的全面胜利。最快速度响应、最短时间接电，最可靠的保障、最暖心的服务，换来了百姓的认可、客户的称赞，得到了省委省政府“国家电网永远值得信任，永远值得尊敬”的高度评价。

迎难而上　众志成城保供电

“要用最快速度、最高标准、最优方案、最硬举措，为吉林抗疫提供最有力的电力保障。”3月初，零星病例初现，信息纷繁芜杂之时，国网吉林电力党委作出果断决定，全面拉响防疫警报——上下总动员，全力投入抗击疫情、电力保供、防守应对之中。

疫情就是命令，防控就是责任。面对这场大战大考，国网吉林电力第一时间激活指挥体系，实施领导班子包保责任制，董事长靠前指挥、深入一线，通过实地检查、视频连线等方式，与干部员工同进退、共防守，其他班子成员与包保单位紧密联系、共同担当。发挥9个专项工作组作用，坚持“日例会”机制，及时传达省委省政府部署，高效调度指挥省市县三级抗疫保电体系。各单位坚持全公司“一盘棋”，严格防控，严守纪律，严细落实，全员抗疫情保供电的严密布局拉开帷幕，共同筑起了疫情防控的铜墙铁壁。

3月25日，在长春市九台区职业教育中心绿色的操场上，学校转为医院的电力设备改造工作正紧张而有序地进行着。寒潮导致道路结冰，加上作业场地的限制，大型施工作业车无法进入，物料全需人挑肩扛，加大了施工难度。“路面结冰后很滑，大家注意安全。”负责人刘熠不停地叮嘱队员们注意安全。

经过13个小时的奋战，随着最后一台检测仪的运转，紧张忙碌的工作接近尾声。“改造工作完成!”工地上爆发出热烈的欢呼。

一次次临危受命，一次次鏖战攻坚，挺起的是责任央企脊梁，彰显的是大国重器担当。国网吉林电力坚持“困难面前有电网，电网面前无困难”，不讲条件、不计代价、不畏艰险，投入保电人员10.4万人次，出动保电车辆2.85万台次、发电车4741台次，以战时状态、战时标准、战时效率，确保各类重点场所安全可靠供电，吉电铁军精神在抗疫保电战场闪闪发亮。

保电不停歇，服务不“打烊”，为做好疫情防控工作的同时满足客户用电需求，国网吉林电力实施“欠费不停电”，“一户一案”做好“三类用户”供电保障，确保指挥体系、防疫一线、骨干企业、民生保障供电万无一失。同时树立“不停电就是最好的服务”理念，实行“先复电，后抢修”，推广“网上国网”线上办电，深入挖掘电力大数据价值，为政府决策提供科学支撑，落实惠企纾困政策，帮助中小微企业渡过难关。

栉风沐雨　战疫一线党旗红

在这片看不见硝烟的战场，一个个党支部，一名名共产党员，仿佛点点星火，汇而成炬，充分彰显着先锋模范作用，带来胜利的曙光。

“大家一定仔细检查，不能有半点疏忽！”3月29日上午8点，国网长春供电公司朝阳区供电中心南湖保电共产党员突击队队长宋宣霖和同事刘健再次对10千伏南湖乙线进行巡视。

与他们工作地点仅一墙之隔的是吉林省防疫指挥部。为了确保吉林省防疫指挥部用电可靠，这支共产党员突击队轮流值守，对相关线路进行24小时不间断特巡，每个关键节点都严格把关，全力确保线路设备的安全运行。

雪花簌簌落下，在十几千米外的长春市传染病医院，身着防护服的党员突击队队员韩冬和同事正对应急电源车进行当日第三轮检查。查看油料、防冻液、机油、电缆连接、机组运行……每一个细节都不放过。这样的工作，他们每3小时就要进行一次。

在党和人民最需要的时刻，国网吉林电力27个临时党支部、151支党员服务队和突击队冲锋在抗疫保电一线，把做好疫情防控作为践行初心使命、体现责任担当的试金石。

这场较量，不仅仅是专业素质的考验，更是精神意志的对垒。国网吉林电力党委第一时间印发《关于在防疫保供工作中充分发挥各级党组织和党员干部作用的通知》，号召1220个党组织、13539名党员冲锋在前。深入开展“扫地”行动，查短板、补漏洞、强弱项，总结复盘提升工作质量，33个单位先后在日调度例会上分享了实践成果和典型经验。

在高质量完成各项保电任务的同时，国网吉林电力主动回应社会关切，在省新闻发布会上介绍抗疫保电、助力春耕举措，充分展现电网企业职责担当，同时实施“暖心行动”“安心行动”，累计关爱慰问6.8万人次。

575 名志愿者逆向而行，下沉到一线社区，以实际行动彰显了电网员工的职责担当，让党旗在抗疫保电一线高高飘扬。

千里驰援　同气连枝国网情

单丝不成线，孤木不成林，国家电网有限公司党组关心支持吉林抗疫，充分发挥集团化优势，调集河北、山东、湖北、河南、辽宁、黑龙江、陕西、天津、山西、四川等 10 家兄弟单位 213 名保障人员、65 辆应急电源车昼夜兼程、千里驰援，与国网吉林电力广大干部员工一同投入到抗疫保电一线。

“故障原因查明了，河南和吉林两地温差近 20 摄氏度，应该是温差过大导致衔接配件热胀冷缩。”3 月 18 日，河南援吉保电队伍的郭鹏飞、安利民凭借多年现场工作经验，妥善处理了应急电源车机组油料堵塞和输油管道破裂故障，为方舱应急电源的可控保障提供了坚强基础。

兄弟单位无私无畏携手助力吉林，配合设备部以最快速度完成 220 处集中隔离点、17 座移动实验室、47 台核酸检测车、43 处临时核酸检测点、734 处防疫卡点、44 处医疗人员办公休息场所、1 处物资中转站的配套电源建设任务，以实际行动实现“方舱建到哪里、电就通到哪里”“重点用户分布在哪里、保障措施就跟进到哪里”。

为使援吉队伍无后顾之忧，国网吉林电力贯彻落实国家电网有限公司党组要求，高度重视援吉队伍的疫情防控和后勤保障工作，关心关爱援吉人员身心健康，全力做好医疗和后勤保障，与各单位一道在这场没有硝烟的战争中，以实际行动写出了“困难面前有电网，电网面前无困难”的抗疫保供答卷。10 家单位的援吉员工完成支援任务，安全返程。

事无巨细　长线作战后劲足

前线作战心无旁骛，后方值守运筹帷幄，国网吉林电力实行最小工作制、最小排班法，5043 人在应急指挥、调度控制、变电运维等关键岗位封闭值班，1.1 万余名集中在岗和 3.3 万余名居家办公职工双轨作战，前后联动筑成抗疫保电钢铁防线。

山不让尘，川不辞盈，为葆长线作战韧劲，国网吉林电力按照宁可“备而不用”，决不可“用而无备”原则，备足备齐各类生活、防疫和医疗等物资，本轮疫情累计采购口罩435万个、防护服31万套、核酸检测试剂29万盒。同时编制下发《新冠肺炎疫情防控知识手册》和《居家办公人员健康指南》，引导职工增强防护意识、提高防范能力。采取“集中核检＋分发试剂”的方式开展近20轮次的全员核酸检测，实现“双保险”，核酸检测累计完成76万人次，“人、物、环境”全方位、全链条精准防控，国家电网治理优势在国网吉林电力全面展现。

在筑牢后勤防线的基础上，为保障各类施工作业备品备件充足可靠，国网吉林物资公司第一时间启动应急预案，将供应链运营中心迅速升级为应急指挥中心，各专业高效协同运作，实时接收应急物资需求，快速查询全量物资资源，20名党员服务队队员24小时待岗，确保实现省内物资4小时到位，并迅速与7家省公司、14家优质供应商建立联防联动机制，统筹开展省内外调拨，实现跨省物资24小时到位。

疫情防控战也是身心保卫战，为保证员工身心健康，国网吉林电力持续深入了解员工需求，在特殊时期为过生日的员工送上生日祝福，营造暖心氛围，推出抗疫食谱，兼顾各省份援吉队员饮食差异，力争为援吉队员提供丰富多样的菜品，维护一线人员“幸福线”。

除了物资保障，“精神食粮”一样供给充盈。国网吉林电力在省级以上主流媒体发稿199篇，进一步加强了疫情、舆情、社情、员工情、保电情、服务情联动，彰显了吉电铁军精神和国家电网力量。国网吉林电力强化工作成效和典型人物事迹正面宣传，深入学习支援队伍马永祥、薛纪有同志感人事迹，大力弘扬国网人敬业奉献崇高品质，在抗疫保供中，讲好国网故事，彰显国网形象。

全力以“复”　助力发展加速度

冬去春来，万物复苏，在白山松水的黑土地间，农户们勤劳的身影开始显现。疫情之下不误农时——国网吉林电力保障农耕用电责无旁贷。4月4日，短短40分钟的无接触抢修工作后，白城大安四棵树乡水稻种植大户藏云武家的水泵重新运转，汩汩清水流入老汉心田，他的脸上重现笑容。

为最大限度满足疫情期间春灌用电负荷，国网吉林电力出台《做好春耕春灌用电保障十条措施》，开展呵护黑土青苗专项行动，并成立558个防疫保春耕服务小分队，在做好疫情防控工作的前提下主动提供田间用电指导，协助农户排查线缆、开关、漏保等设备安全隐患。

从田间地头到生产车间，供电服务的触手延伸至社会生产生活的方方面面。4月14日，磐石市在逐步解封后迎来了复工复产的关键时刻，吉林恒联精密铸造科技有限公司也随之进行生产运行方式调整，进而导致变压器容量告急。得知情况，磐石市供电中心特事特办，利用视频连线，仅1个小时便成功将该公司4万千伏安变压器投入运行，保障了复工复产任务顺利完成，也避免了经济损失。

国网吉林电力制定《应对疫情影响全力恢复建设助力企业复工复产十五条措施》，主动对接吉林省678个5000万元以上项目，成立复工复产工作专班，加快重点工程项目接电速度。目前，国网吉林电力已与一汽集团、通钢集团等吉林省内首批50家复工的大型企业沟通，根据各企业复工复产需要提供配套供电服务保障。

随着社会面清零，国网吉林电力迅速切换状态，先行一步、主动出击，打出抗疫保电、复工复产组合拳，启动“大美长白山 绿电百日行”活动，以推动能源转型为契机，拉开全面复工复产序幕，同时发挥大电网平台和市场交易作用，完成辽宁支援吉林抗疫新能源外送专项交易1.92亿千瓦时。加快推进220千伏白通乙线迁改工作，春检预试、基建施工、经营管理等各项工作陆续展开，为全省经济复苏注入强大能源动力。

没有一个冬天不可逾越，没有一个春天不会来临，当冰雪退去、春暖花开，国网吉林电力迎来了抗疫保电的阶段性胜利。展望未来，国网吉林电力将带着国家电网有限公司党组的重托、省委省政府的期望和兄弟单位的深情厚谊，把责任扛在肩头，把战斗进行到底，统筹推进疫情防控和服务经济社会发展各项工作，全面写好建设具有中国特色国际领先的能源互联网企业吉林新篇章，以实际行动迎接党的二十大胜利召开！

【延伸阅读三】

共克时艰 “方舱隔离点”彰显电力大“义”

——国网通化供电公司二道江区供电中心战“疫”纪实

“快让兄弟们集合，方舱隔离点需要接电。”

2021 年 1 月 22 日，国网通化供电公司二道江区供电中心接到“二道江区方舱隔离点”电力保障任务。

通化市集中隔离点建设项目位于二道江区阿尔凯斯特年产 500 万件高端精密铸件产品加工生产线建设项目厂房内。

疫情就是命令。时间紧、任务重，供电中心立即向国网通化供电公司相关领导汇报，得到了多方支援。根据隔离点供电要求，供电中心 17 人、通电集团 9 人以及通钢支援员工 6 人，共同奔赴隔离点建设现场。通过现场勘查，迅速制定供电方案。

基础物资准备中，中心人员从凌晨 1 点卸下第一台箱式变压器，到早上 6 点所有变压器装卸到位，他们一夜未睡，眼里布满了血丝。

建设过程中，新立水泥杆 1 基，安装柱上开关 1 台，高压组合互感器 1 组；敷设高低压电缆 4.22 千米，安装箱式变电站 11 座，环网柜 4 座，完成制作电缆头 13 套；完戌 11 座箱式变电站耐压试验，6 条高压电缆绝缘试验。

为了尽快实现电力供应，现场人员忘却疲惫，放下家庭，继续奋战在施工现场。经过连续奋战 50 余小时，截至 1 月 25 日 17 时，完成阿尔凯斯特集中隔离点建设任务。

【延伸阅读四】

凝力出击 同心战“疫”

——记国网吉林营销服务中心志愿服务队

2022年3月，一个不同寻常的春季，新冠肺炎疫情再次肆虐，吉林省防控形势持续复杂严峻，各地纷纷进入防控工作关键阶段。国网吉林营销服务中心闻令而动、向“疫”而行，积极响应吉林省能源工会及国网吉林电力工会号召，迅速筛选集结10名员工组成志愿服务队，第一时间奔赴一线、下沉社区。这支青年员工占比高达90%的志愿服务队，维持长春市西朝阳社区400余名居民核酸检测秩序，搭建物资储备帐篷10余顶，完成4个社区累计8个卡点的静态管控站岗，以及1200份蔬菜包的装配工作。

模范冲锋带头 奋战一线凝力抗疫

“爸爸加油，你是最酷的奥特曼，快点打赢病毒小怪兽，早点儿回家。”“爸爸，我和妈妈、姐姐等你回来。”两个女儿你一言我一语地叮嘱着即将奔赴抗疫一线的志愿者唐伟宁。作为该中心的先进党员代表和模范先锋，唐伟宁主动请缨，勇挑重任，以志愿队队长的身份带领中心9名志愿队员冲锋一线、助力前沿。在接到支援指令后，他连夜驾车向队员们发放志愿者通行证、整理储备防疫物资，不误一时、不延一刻，忙完战前准备工作已是凌晨2点。3月的长春，雪花飘摇，寒潮过境，凉意甚浓，但对于忙碌一晚的唐伟宁来说，内心却是温热似火、无比踏实的。“我很庆幸能为自己的家乡贡献绵薄之力，也很开心能为我的孩子们树立榜样。”唐伟宁欣慰地说道。

“同志们，小区居民的蔬菜马上到位，预计500余份，请大家做好搬运准备，切记做好个人防护，确保安全归队！”2022年3月24日早6时29分，唐伟宁在微信群中发出工作指令。每天起床，唐伟宁做的第一件事就是组织部署志愿工作并询问队员们的身体情况，身为队长，他不仅肩负着工作使命，更承担着守护责任，在保证队员身体健康的前提下高质高效完成各项任务是唐伟宁每时每刻的心头要务。“20000斤蔬菜，乍一听根本想象不出有多少，可当我们看到时，已经不能用多来形容，500平方米的屋子，堆放得满满当当。这可能是队员们见过的最壮观的蔬菜山。”唐伟宁在“战地”日记中回忆道。为了让居民尽早拿到蔬菜包，队长唐伟宁和副队长白云峰早早就组织队员们开启了搬运模式。面对一袋袋每包重20斤的蔬菜包，队员们站成了一排人体传送带。因蔬菜包数量庞大，队员们累得上气不接下气，左手抬不起来就换右手，一只手抬不起来就用两只手。队员们一袋一袋地搬、一包一包地运，不停歇地卸货装车，不言不语地拼尽全力。仅用2天半的时间，一千余包蔬菜都已送至家家户户居民的手中。为期7天的志愿服务，志愿者们奋战社区封控小区，维持近400余名居民的核酸检测秩序；驻扎社区出入口，全天候执勤值守，对所有出入车辆及行人进行严格管控；夜晚受命，为封控小区搭建物资储备帐篷；真情援助，为重病老人开具出行证明；护航30名志愿者队伍，开展住所楼全域消杀、按时配送餐食……常常能看到队员们蹲坐在路边儿，三两成团，手捧着已经凉了的盒饭，一边急促地吃饭，一边为彼此遮挡寒风。

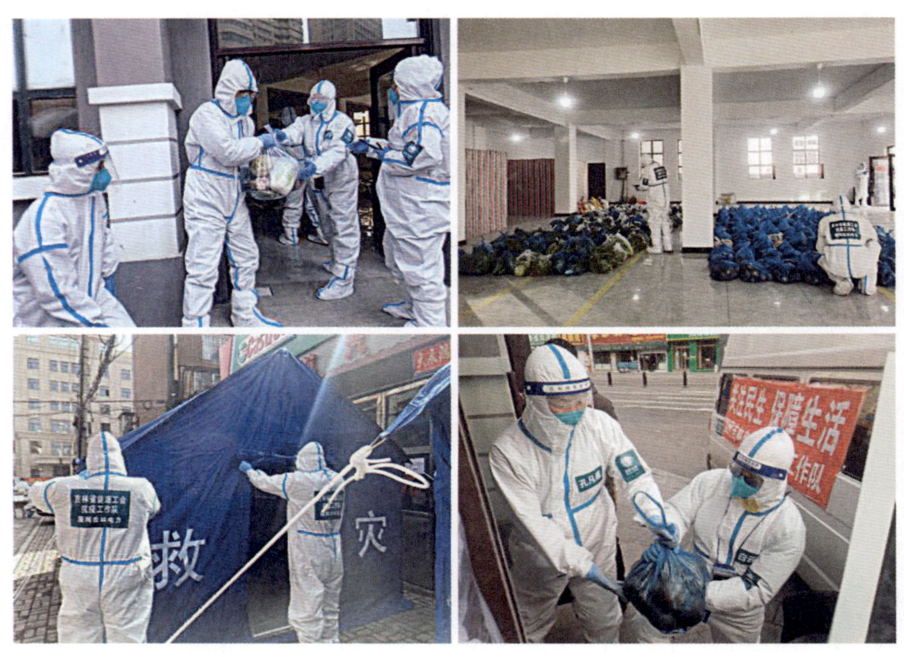

“老白，你是不是又忘记吃药啦？”队员们一边呼喊着白云峰，一边追在其身后为他送药。副队长白云峰是志愿者队伍中年龄最大的老党员，为了能冲锋一线，他瞒着年迈的父母，把两个儿子全权托付给妻子，自己第一时间踏上了抗疫的征途。作为该中心的先进工作者和老大哥，白云峰时常像家长一样关心队员们的身体健康。他幽默风趣，积极为大家进行心理疏导，想方设法地为队员们排解压力、带来欢乐，但他也经常惦念着家里：不知道孩子们有没有好好上网课？老爸老妈年纪大了，不会上网买菜，不知道妻子还忙不忙得过来？白云峰常常默默地念叨着，心中也不禁浮现出一丝愧疚。有时接到临时任务，一干就是半宿，但当他和队员们披上“白色铠甲”那一刻，就立即化身为英勇无畏的战士，扛责在肩、履责在行，不倦不怠、义勇直前！

巾帼当仁不让，用情服务温暖人心

“值得纪念的一天，虽然不能成为女儿画中的白衣天使，但有幸成为众多大白中的一小只，也让我感到无比光荣。共克时艰，期待春暖花开。”2022年3月21日，该中心青年志愿者王贺在朋友圈发出这样一条消息，是给踏上志愿者队伍的自己加油打气，也是给自己38岁生日的美好祝福。

“姑娘，一定要照顾好自己，孩子交给我们来照看，你安心工作。”72岁的老母亲一边牵着女儿的手，一边细心地叮嘱道。王贺是该中心志愿队伍中唯一的女同志，也被大家亲切地称呼为“贺姐”。虽然身为女同志，但做起志愿工作来却毫不输给男同志。搬运蔬菜、卡点值守、信息核对、区域消杀，有志愿者服务的地方就有贺姐的身影，粗活细活、苦活累活，都不在贺姐的话下。她不仅拒绝了在“战场”后方做强度小一些工作的建议，还玩笑般地说道：“我真想把自己的性别改为男。”王贺主要负责朝阳区部分小区封闭卡点的值班值守及核酸检测过程中的秩序维护。参加志愿服务队以来，她耐心细致，对工作主动担当、对居民有求必应，“不麻烦，不辛苦”成了她的口头禅，也被大爷大妈视为漂亮善良的好姑娘。因其负责的区域为老旧小区，居住人群多以老年人为主，每当遇到老人家有困难需要帮助、有疑惑需要解决，她总是耐心地与老人们进行沟通，问其所需、帮其所想。

经过几天的工作，她总结出了一套和老人沟通的专门技巧，那就是要顺着老人们的话说、跟着老人们的情绪走，要学会倾听，要问他们有什么需要、有什么想法，学会换位思考。志愿工作细小而琐碎，工作过程中，王贺为老人买过药，为行动不便的女士送过菜，为高三的孩子取过复习卷子……娇小忙碌的身影不断穿梭于各个小区之间，温暖着也感动着每位居民的心。

“妈妈，我想你了，你什么时候回家?”工作中勇敢担当的王贺在与女儿视频的过程中忍不住流下了泪水……孩子是妈妈的软肋，也是妈妈的盔甲，虽然泪水充盈眼眶、占据脸颊，但此时的王贺，是最美丽的巾帼，也是最坚强的大白!

青年意气风发，感恩坚守传递担当

“同志，我可以进小区为妈妈送菜吗?送完我立马出来!我母亲今年70多了，自己一个人在家，目前家里已经没有饭菜了，年轻人还好，但对于年迈的老人，我担心会影响她的身体健康!”2022年3月24日，一位女士在西朝阳社区卡口焦急地询问青年志愿者刘著。刘著首先安抚了女士情绪，在得知其没有通行证后，耐心告知社区防控规定，并表示自己可以帮助其将菜品送给老人。女士听到后连声表示感谢。刘著主动接过女士手中满满登登的蔬菜和水果，在认真消杀后顺利将菜品送至老人手中。“虽然这是件小事，但我却觉得意义非凡，很有成就感!”刘著笑着说道。对2021年新入企的刘著来说，能够参加此次抗疫行动是机会、是考验、更是荣耀。在他的书包上，一直挂着上学期间学校发放的特殊标牌：亲爱的同学们，在你即将踏上离校返乡归途之际，学校对离校旅程及假期生活温馨提示如下……“2021年1月，大连疫情严峻，学校在每名学生的行李箱上挂了这个标牌，并安排志愿者和大巴全程接送。有了这个标牌就有了安全感，因此我一直没有摘掉。现在告别了学生时代，我也从被保护的群体变为了守护他人健康的志愿者，能够将这份安全感传递给需要帮助的人，我很自豪。”刘著心怀感恩地回忆道。在接到抗疫志愿者招募通知后，他第一时间响应、第一时间报名、第一时间冲在第一线。尽责值守社区卡口，高效完成各项指标任务，以实际行动展现青年党员风采，受到了前辈们的一致好评。

【延伸阅读五】

抗疫一线的“电医”夫妻

马强是国网吉林超高压公司东丰运维分部500千伏通化变电站的一名变电运维人员，妻子李晓琳是通化市中医院的一名护士。2021年春节前夕，疫情的阴霾笼罩着通化市，李晓琳主动申请前往抗击疫情的最前线，到通化市方舱康复医院工作。疫情的蔓延导致二道江区封区，通往500千伏通化变电站的路全部封闭，禁止人员通行，马强主动向团委递交申请书，请求成立青年突击队驻守变电站。

2021年2月4日小年夜这天，是马强驻守变电站的第20天，是李晓琳在抗击疫情前沿阵地上奋战的第24天。他和妻子约定无论多晚两个人每天都要汇报身体状况，每天两个人都要互相加油……他们已经20天没有见过面了。这对“80后”夫妇没有任何犹豫，更没有退缩，各自战斗在一线岗位。他们是所有奋战在抗击疫情一线夫妻的缩影，他们是最美的逆行。

国网吉林电力与国网吉林超高压公司共同策划拍摄的《“疫”起·坚守》微视频在中国视协行业电视委员会与英大传媒投资集团有限公司联合举办的2021年度行业电视节目推选活动“电力单元”暨英大传媒2021年度优秀电视作品展评活动中荣获二等奖。夫妻二人抗疫故事登上中央电视台13套《新闻直播间》栏目，展现了电力人抗击疫情冲锋在前的良好形象。

【延伸阅读六】

抗“疫”夫妻携手奋战一线

都说夫妻之间的微信，秒回代表着在乎与关心，然而有这样一群人，虽然无法与爱人保持时刻联络，但是他们却在各自的岗位上用实际行动诠释着齐心抗“疫”的爱与坚守。他们既是亲人，也是战友，相互鼓励，携手同行，演绎着一个又一个感人的故事。国网吉林超高压公司监控中心值班员陈赫和吉林市昌邑区疾病预防控制中心岳雪英这对准夫妻便是其中的代表。

“刚在一起的时候，给他发个微信，几乎都是秒回，现在的微信就像留言板，一条信息几个小时都没有回复。”岳雪英这样描述着这一阶段和陈赫的生活状态。

为了确保当前复杂环境下吉林省500千伏主网的安全稳定运行，2022年3月11日，国网吉林超高压公司决定实施办公场所“全封闭”管理模式，值班人员在办公楼内指定地点休息、工作，坚决杜绝与外部环境接触，从源头切断疫情传播链条。作为党员的陈赫在收到通知前就做好了随时上岗的准备。他是电网监控中心主值班员，从大年初四到现在，已经连续值守46天了。

“冬季户外昼夜温差大，现场设备后半夜异常报警是常态，我们早已经适应了这样的工作节奏。”陈赫每日的工作是对所辖16座500千伏变电站的一、二次设备和57条500千伏输电线路进行全面监控、巡视，遇到设备故障及时通知现场人员处理，确保所有设备的安全稳定运行。在封闭之前，他们已经圆满完成了北京冬奥会、“两会”两轮保电任务。

“岳雪英比我还要更忙一些，每天晚上十一二点下班，工作强度非常大。”谈起自己的封闭保电，他对未婚妻更有一丝担忧。岳雪英是吉林市昌邑区疾病预防控制中心的流调人员，全天封闭在疾控中心开展流动调查，整理流动信息。她与陈赫只能利用仅有的休息时间通过微信相互关心。

2022年3月2日，吉林市昌邑区第一例新冠病毒病例确诊后，岳雪英向单位主动请缨，成为第一批参与疫情防控的流调人员。

“一般情况下我们要对患者的居住地点、就诊经历、接触人员进行询问，让病例尽量详细回忆出行轨迹，我们再根据病例提供的信息，确定需要流调的场所

和人员，第一时间进行流调。我们越快摸清情况，就能越早为决策部署提供依据。”岳雪英介绍道。

流调工作是在与病毒赛跑，需要争分夺秒、夜以继日地连续作战。作为流调人员，岳雪英每日的工作紧张而又繁重，上传下达、收集汇总各项防控信息、检查统计所辖区域核酸检测情况、核实人员行动轨迹、编制上报防控动态……岳雪英每天工作12小时以上，忙起来的时候常常忘记了吃饭、休息。连续“作战”20天，她始终坚守在岗位，从未回过家，给家人打电话也只是报告平安后草草挂掉，更是把今年的婚期一拖再拖。她把所有精力都放在了工作上，只为高效精准地理清一条条复杂的病毒传播链条，科学地管理控制传染源，阻断病毒的进一步扩散蔓延。

“我们要向牺牲在抗击疫情第一线的田杰同志学习，逆行出征、勇于担当，在这场没有硝烟的战‘疫’中，共克时艰，砥砺前行。”陈赫和岳雪英掷地有声的话语，是无数奋战在抗疫一线工作者的心声，他们用实际行动展现着新时代年轻人的责任与担当，诠释着舍小家为大家的大爱情怀。吉林终有吉临时，长春定复往常春。正是有了千千万万个“陈赫”“岳雪英”的执着与坚守，吉林人民才能风雨同舟、众志成城，最终打赢疫情防控保卫战、歼灭战、阻击战。

第三节

践行使命　推动高质量发展

当前，我国经济由高速增长阶段转向高质量发展阶段，对电网发展同样提出了新的更高的要求。作为关系能源安全和国民经济命脉的国有骨干企业，国家电网有限公司立足新发展阶段，践行新发展理念，服务新发展格局，坚持稳中求进工作总基调，坚持以推动高质量发展为主题，坚持以深化供给侧结构性改革为主线，深入贯彻创新、协调、绿色、开放、共享新发展理念，大力实施创新驱动发展战略，打造高质量发展的强大创新引擎。

持续推动科技创新，着力完善科技创新体系，持续推动业务、业态和商业模式创新，大力开展芯片、综合能源、电动汽车服务、5G 等新兴业务，加强电网主业与产业、金融、新兴业务协同发展，推动资源整合、平台互通和数据共享，积极推动新型基础设施建设，把勤俭办企业理念、质量效益观念和精益管理思维贯穿经营发展全流程，实现更高质量、更可持续的发展。

进一步转变经营发展理念。坚持稳中求进，着力推动公司发展方式向稳健经营型转变。建立健全适应输配电价新机制的经营策略，坚持将电网投资与盈利能力、资产负债率紧密挂钩，不断提高投入产出效率。

不断提升精益管理水平。加强资产全寿命周期管理。不断挖潜增效，通过推进重点领域改革攻坚和技术转型升级，向改革要效益、向创新要效益。挖掘存量、发展增量、应对变量，持续提高公司整体经营活力和运营效率。

充分发挥业务协同效应。坚持统筹利用各种资源，持续提高业务协同发展合力，实现优势互补和整体效率效益最大化。推动电网业务增供扩销，提升电网经营效益。推动产业、金融、国际业务协同发展，持续提高利润贡献度。积极拓展综合能源服务、电力大数据新业务，为公司培育新的增长极。

【延伸阅读一】

吉林省首个电力杆塔共享5G基站建设完成

2020年5月22日，吉林省首个电力杆塔共享5G基站在长春市220千伏春二甲乙线9号塔建设完成，开启吉林省电力基础资源共建共享、商业化运营的新篇章。

随着国家“新基建”战略的部署和推进，5G网络建设进一步提速，国网吉林电力主动对接电信运营商和铁塔公司，了解5G基站的建设和技术需求，探讨共建共享合作事宜，就电力杆塔资源共享可以为电信运营商和铁塔公司节约建站成本、缩短施工周期、提高组网效果达成共识，并与长春移动公司、长春铁塔公司合作，选取了松苑小区附近1基220千伏角钢塔（春二甲乙线9号塔）作为共享杆塔5G基站试点。

经前期现场勘察及测量发现，在常规设计下，电力杆塔挂载5G基站天线的高度过低，无法保证信号覆盖质量，严重影响杆塔共享商业化运营市场前景。在国网吉林电力设备部的支持下，思极公司筹建组会同铁塔公司、设计院、国网长春供电公司充分开展技术论证，在满足电气间隙、防雷、电磁环境、荷载及强度等技术和安全要求的前提下，成功突破天线挂高技术瓶颈，仅用10天时间，圆满完成塔下基础建设、基站设备的安装和接电等工作，满足技术参数及施工工艺要求。

国网吉林电力电力杆塔共享5G基站试点建设，在与运营商、铁塔公司实现资源共享的同时，降低了5G网络建设成本，缩短了建设周期，提升了5G网络覆盖的质量和进度，在为后续开拓电力资源共享市场，打造“共享型”企业方面具有里程碑意义。

【延伸阅读二】

以青春之我　逐华夏之阳

——记国网延边供电公司“青云直上”QC小组

远程停复电业务是智能交费业务模式下的重要环节，是影响供电服务质量与客户评价的重要工作，如何进一步提升停复电工作效率，在实现无人值守的同时，带给客户更迅捷的复电体验，成为国网延边供电公司营销集约管控中心创新的着眼点。

在远程停复电工作中，团队发现系统流程自动化程度较低、停复电工单录入环节耗时较长、故障推送不及时等弊端，是影响服务质量、造成人力资源价值消耗的主要原因，必须要以更科学的方法来解决难题，因此，成功研发远程智能停复电系统志在必得，“青云直上”QC 小组也应运而生。

“青云直上”QC 小组成员汇集了国家电网有限公司劳模、国网吉林电力劳模、国网延边供电公司劳模、先进工作者以及一批朝气蓬勃、思维活跃的年轻血液，还掌握着国网吉林电力所有电量、电费的大数据信息。为了以最短的时间完成课题攻关，大家只要忙完了手中常规的任务，就会三五成群地聚在一起，结合班组工作记录、办公群内业务沟通信息、用电信息采集系统的反馈与调查，对业务工单量、系统稳定性、高效配合进行深入分析。一开始的 QC 活动进展并不顺利，小组成员基本都是“大数据建模”门外汉，如何运用数学模型成了首要难题。为了弥补这一短板，组长金永男主动联系延边大学数学系的老师，对小组成员进行了集中培训。大家仿佛回到了学生时代，王朝着理想不断迈进。

在探索前进的道路上，发生了许许多多的感人故事。领队金永男 2021 年被评为国家电网有限公司劳动模范，每天都扮演着多个角色——领队、班长、老师、父亲、丈夫、儿子……由于工作加班原因，作息和饮食不规律，导致胆囊炎发作不得不摘除，但即便卧病在床他也坚持每天电话询问项目的研究进展，不肯有一刻的松懈。那时候电话里的他还时常跟大家打趣：“这下可以更大胆地在工作上放手一搏了。”对于六七岁的小孩子来说，父亲的陪伴是珍贵而又重要的，然而班长刘松野为了项目的推进，在孩子的重要演出和生病最需要爸爸陪在身边的时候，却无法陪伴左右，连自己刚做完胃部息肉手术也仅仅休息了几个小时又偷偷重回工作岗位。还有很多默默奉献着青春的小伙伴们，从来没有一丝一毫的抱怨，他们说能为公司作出一点点贡献，就是满足的、骄傲的。

宝剑锋从磨砺出，梅花香自苦寒来。通过 QC 小组的不懈努力，最终查出影响停复电业务效率的原因为“系统缺少智能化批量导入功能”。此课题运行后，远程停电工单录入效率由原来41.5条/分钟提高到平均为99.9条/分钟。原有系统在停电工作平稳期需要安排3~4人，高峰期需要6~7人。课题实施以后，减少了人工的繁杂操作，业务平稳期只需要安排1人，高峰期也仅需2~3人，极大地提高了远程停电工单录入效率。该项目荣获2022年吉林省优秀质量管理小组交流活动一等奖的好成绩。

以青春之我，逐华夏之阳，未来，青云直上小组将以实干、奋斗、担当的行动，在践行国家电网战略目标的征程中，贡献青春力量。

【延伸阅读三】

研发应用智能终端　提高效率保障安全

2023年1月28日9时，吉林通化220千伏梅河口变电站站长佟俊岩通过实时定位系统发现巡检人员偏离了巡检路线，未检查变压器油位，马上通知了现场巡检人员。该员工立即返回，检查变压器的油位，随后严格按照巡检路线完成巡检工作。

实时定位系统及配套装置是国网通化供电公司在变电巡检方面的创新成果。近年来，国网通化供电公司结合实际业务需求，推广应用各类智能终端，开发相应的智能应用系统，在提高工作效率的同时有效保障人身、设备、电网安全，更好地服务客户生产和生活用电。

变电巡检更易上手　安全管控能力同步提高

变电站作为电网的重要一环，其设备运维质量很大程度上决定着电网运行的可靠性。但变电站设备多、运维点位多，站内环境复杂，对巡检人员能力要求高。在保障安全的同时提高巡检效率是高质量开展变电运维的关键。

220千伏梅河口变电站总容量24万千伏安，是连接通化电网与白山、辽源电网的枢纽变电站，每年有各类操作近万项。2022年9月，国网通化供电公司选取220千伏梅河口变电站试点应用实时定位系统及配套装置。

该系统应用了无线载波通信技术，安装于变电站的视频监控平台，适用于室内等环境下的数据高速无线接入。巡检、检修等人员进入现场作业时，需要随身携带配套装置，向实时定位系统回传定位信息。若人员没有按照既定的路线巡检，视频监控平台会发出告警提示，同时将巡检人员的轨迹自动保存在后台。当变电站内有检修作业时，检修人员可以根据现场实际提前设置电子安全围栏。若现场作业人员的定位超出规定作业区域，平台和装置都会发出警报，提醒作业人员注意作业范围，保障作业安全。

该系统不仅可以对现场人员进行实时定位，还可以通过视频系统识别进入现场的人员是否戴好安全帽，助力安全管控。“有了这套实时定位系统，日常运维时巡检人员可以按点位提示打卡，后台也能帮忙查漏补缺。巡检工作更好上手了，既提升了单次巡检工作效率，也进一步保证了设备巡检质量。检修作业也多了一个安全监督手段，可以辅助规范人员作业行为，提升我们的安全管控能力。”佟俊岩说。

实时感知光伏电站运行状况　优化电力调度促进新能源消纳

“您好，我们通过监测系统发现您家的光伏电站突然断电，不知道是什么原因。”1 月 27 日 9 时，国网柳河县供电公司电力调度控制中心自动化专责许涛给时家店镇吴大院屯村民藏春炜打去电话。

藏春炜家有一座 31.25 千瓦的光伏电站。接到电话后，他立即赶到自家的光伏电站查看情况，检查发现表后开关烧损。藏春炜立即拨通了时家店镇供电所所长刘照君的电话。刘照君和同事赶了过来，帮助他更换了开关，光伏电站恢复发电。

一般情况下，分布式光伏电站的运行信息不接入调度自动化系统，处于“盲调”状态。

2022 年 11 月，国网通化供电公司推出基于“5G+ 电力技术”的分布式光伏源端在线信息智能感知系统应用。这套系统应用以“无线数传采集终端（DTU 采集终端）+5G+ 安全接入区”的方式，在确保通信安全和数据存储安全的前提下，通过 DTU 采集终端采集光伏电站有功、无功、电流、电压、失压状态信号等实时数据，并通过 5G 网络将数据传送到调度自动化系统，实现分布式光伏发电可观、可测，解决了分布式光伏电站“盲调”问题，有助于优化电力调度策略，促进新能源消纳。该系统应用也可以帮助光伏电站运营方了解电站实时运行情况，还可为分布式光伏电站选址建设提供参考。

目前，基于“5G+电力技术”的分布式光伏源端在线信息智能感知系统应用已在时家店镇试点应用。下一步，国网通化供电公司计划在通化地区已并网的973座380伏及以下的分布式光伏电站全面推广该应用。

配网故障复电用时更短　非故障段客户用电零闪动

通化地区配电网普遍使用的开关类型为馈线自动化开关。这类开关由于融合了一、二次设备，动作逻辑关系较为复杂，检修、管理难度大。

2019年，在国网吉林电力的指导下，国网通化供电公司在吉林省范围内率先实现了配电网电压时间型馈线自动化开关运行方案的应用。“使用电压时间型馈线自动化开关运行方案后，试点线路故障后复电用时缩短了，但非故障段仍会闪动，客户用电体验有待提升。”国网通化供电公司运维检修部配电专责苏新说。

单一继电保护无法满足要求，那就尝试多级继电保护配合；原有的负荷开关无法迅速跳开，那就将其改造为断路器……2020年年底，国网通化供电公司运维检修部再次投入馈线自动化开关动作逻辑优化研究和试验中，提出“继电保护+馈线自动化”就地型馈线自动化开关运行方案。

2022年3月8日，在国网通化供电公司“继电保护+馈线自动化”就地型馈线自动化开关传动试验现场，随着多条模拟线路开关相继跳开，模拟故障在0.2秒内被成功隔离，代表“继电保护+馈线自动化”就地型馈线自动化开关运行方案试验成功，具备实际应用推广条件。

对比原方案，“继电保护+馈线自动化”就地型馈线自动化开关运行方案利用开关定值整定原理，做到延时速断保护、过电流保护等多级保护相互配合，不需要主站指令即可就地隔离故障，具有故障隔离动作快、非故障段客户用电零闪动等优点，进一步缩小了配网故障影响范围并缩短了故障自动处置时间，助力提升配网供电可靠性。

目前，国网通化供电公司已经在6条10千伏配电线路上成功应用"继电保护+馈线自动化"就地型馈线自动化开关运行方案，实现试点线路单次故障处理平均用时缩短2小时。

【延伸阅读四】

自主研制标准化预制拉线工具

2023年1月15日，在配网工厂化预制车间内，国网通化供电公司员工们正用自主研制的杠杆式拉线制弯工具，制作今年农网改造工程中最后一批预制化拉线。一名员工仅用5分钟就快速制作完成了一个拉线，与以往相比，制作时间缩短了80%。

近年来，国网通化供电公司积极实施农网巩固提升工程，计划改造线路220.59千米，新立电杆5272基，共需制作拉线1551个，工程量大、耗时耗力，严重影响施工进度。2022年4月，国网通化供电公司QC小组成员从提升拉线制作工作效率入手，细化创新方案，创新设计拉线制弯工器具模型。研发期间，小组成员多次实验，历时3个月，拉线制弯工器具经试验合格，杠杆式拉线制弯工具制作出的拉线合格率达到93.48%，实现了拉线制作标准化。

自2022年9月以来，杠杆式拉线制弯工具被广泛应用在通化市柳河县11个基层供电所的配网工厂化预制车间，有效助力农网改造工程，大幅提高了拉线制作效率，为农网改造工程节省大量的人力物力。该成果在国家电网有限公司2022年质量管理线上评审会决赛中获得一等奖。

全面振兴　建设幸福美丽吉林

“在走出一条质量更高、效益更好、结构更优、优势充分释放的发展新路上实现新突破，在加快推动新时代吉林全面振兴全方位振兴的征程上展现新作为。”这是习近平总书记从实现“两个一百年”奋斗目标、实现中华民族伟大复兴中国梦的全局出发，对推进新时代吉林振兴提出的总要求。

当前，吉林省委省政府深刻理解新时代东北振兴的战略定位，准确把握新时代东北振兴的努力方向，提出2030年实现“碳达峰”，2050年（提前10年）实现“碳中和”目标，加快建设西部“陆上风光三峡”和东部“山水蓄能三峡”，着力打造省内消纳、外送和氢储能三个千万千瓦级清洁能源基地。实现“双碳”目标，能源是主战场，电力是主力军，电网是排头兵。随着新能源、微电网、互动式设备大量接入，电力系统“双高”“双峰”特征进一步凸显，国网吉林电力将在保障电网安全运行和可靠供电方面面临巨大考验；同时也面临电网技术、功能、形态加快升级，建设以“清洁型电源、友好型电网、灵活型负荷、主动型储能”为发展方向的吉林特色新型电力系统的重大机遇。

国网吉林电力作为吉林能源领域的龙头企业，将努力践行“为美好生活充电、为美丽中国赋能”的公司使命，迅速转换发展思路，坚持内需和外送相统一、短期与长期相结合，科学引导我省风光新能源发展，积极参与抽蓄电站建设，努力在构建多元用能生态中寻求发展新机遇，在吉林省清洁发展大势中顺势而为、造势而起、乘势而上。积极应对“十期叠加”，不断丰富完善“1445”工作思路，扎实推进“一体四翼”，确保在发展中赢得主动、赢得优势、赢得未来，切实以自身高质量发展为国家电网有限公司建设世界一流企业贡献吉林力量。

【延伸阅读一】

多措并举　彰显担当

——省电力公司助力我省经济发展走笔

2020年芒种过后，在几场小雨的沁润下，吉林大地处处生机勃勃，白城市恒博无纺布制品有限公司也迎来了发展的新契机。“多亏有了供电公司的帮助，让我们生产有了充足电，下一步我还想增设一台N95生产线，满足国家长期医疗需求。”6月11日，这家民营企业的负责人段淑华感慨地说。

水深则鱼悦，城强则贾兴。营商环境是市场主体成长的基础，是滋养企业发展的土壤。国网吉林省电力有限公司（以下简称省电力公司）立足省情，主动服务于省委、省政府工作大局，超前谋划，多措并举，不断提升客户“获得电力”便利度和获得感，持续优化省内营商环境，让客户用好电，用放心电。

白城市恒博无纺布制品有限公司就是在良好的用电营商环境下实现进一步发展，作为一家以生产无纺袋为主营业务的民营企业，公司在抗疫期间申请了转产一次性口罩的经营许可。5月初，国网白城供电公司通过主动走访了解到，该企业与居民用户共用一个变压器，遇到用电高峰时无法满足生产需求，急需增容改造。供电公司立即行动，新安装了200千伏安变压器及300米高压线路、200米低压线路，满足其增产需求。目前恒博无纺布制品有限公司日产医用一次性口罩可达2.5万只，以供应省内需求为主，同时部分远销广州、石家庄等十几个地区。

无独有偶，疫情期间，吉林通榆协合新发风力发电公司也接收到了省电力公司“给力”的援助。受疫情影响，这家企业的在建项目一度停工，导致工期延迟，蒙受较大经济损失。省电力公司得知情况后，积极响应全省协助企业复工复产号召，由电力交易公司会同有关单位及部门，针对疫情时期特殊情况，组织专家采取特殊防控措施，为企业研究制订了与工程建设同步实施、化整为零、分阶段验收及投运的个性化过渡方案，夜以继日连续奋战，高效完成了主变压器等设备受电验收及投运工作，帮助企业顺利渡过难关。

经济发展，电力先行。一段时间以来，省电力公司严格执行国务院颁布的《优化营商环境条例》，落实国家电网有限公司“阳光业扩”服务工作方案有关要求，主动融入政府公共服务体系，着力推动政企办电服务信息共享，开展“先导性”办电服务。积极对接政府工程建设项目审批管理系统，打破信息壁垒，开展“先导式”办电服务。推进实现客户经理通过营销系统，直接获取客户办理建筑许可审批时相关信息，与项目业主单位负责人直接对接，在立项用地规划许可、工程建设许可阶段提前介入，指导建设单位做好前期准备工作，并协同相关专业部门提前启动业扩配套电网工程前期准备工作。同时，客户经理可实现直接调用客户办电所需的营业执照、规划许可证等证照，探索“免证”服务，让数据代替客户跑起来。

省电力公司还换位思考地方政务需求，在县级及以上政务中心设立供电服务窗口，明确入驻标准、规范服务模式、优化服务流程。疫情期间，为支持我省大工业和一般工商业企业复工复产，省电力公司出台八项举措，落实阶段性降低用电成本政策，经测算，政策延长至年底，全省工商业客户可减免电费超 11 亿元。

值得一提的是，今年 1 至 5 月份，我省新能源发电量 75.1 亿千瓦时，同比增长 1%；新能源利用率 97.8%，同比提升 0.8 个百分点；弃电量同比下降 27.8%。风电、光伏最大发电电力分别达到 441 万、172 万千瓦，均创出历史新高。我省“风光”等新能源资源丰富，为更好地促进新能源发展，省电力公司坚持内挖潜能守住“基本盘”，向外增送打好“组合拳”。一方面通过优化火电机组运行方式，安排火电启停调峰，新能源增发电量 1 亿千瓦时。利用辅助服务市场，激励火电深度调峰，增发电量 9.3 亿千瓦时。投入长岭地区稳控装置，增加当地新能源发电量 2000 万千瓦时。同时积极与东北电网调度沟通协调，扩大外送空间，增加外送电力 305 万千瓦。开展富余风电跨区现货交易，送出电量 1.3 亿千瓦时。利用东北三省一区调峰互济机制，增加外送电量 1.29 亿千瓦时。

【延伸阅读二】

同心筑梦 奋力谱写延边电力事业新华章

日月其迈，岁律更新。2022年，党的二十大胜利召开，吹响了全面建设社会主义现代化国家的奋进号角，中华民族伟大复兴号巨轮向着更加光明灿烂的未来航行。国网延边供电公司牢记“国之大者”，坚定不移把党的二十大提出的目标任务落到实处，以新担当新作为谱写延边更加绚丽的华章。

强电网 全力保障电力可靠供应

“大家一定要按照工艺要求，仔细检查验收，确保工程顺利投运。”随着主变压器冲击合闸成功，12月28日，吉林省延边敦化北220千伏输变电工程正式建成投运。“该工程投运不仅加强了延边电网主网架建设，同时对推动吉林省边疆区域经济社会高质量发展具有重要意义。”国网延边供电公司建设部副主任金洋说。

2022年，国网延边供电公司全面贯彻落实省委省政府和国家电网有限公司各项决策部署，超前谋划建设配套电网，助推企业全链稳产满产，全力支持地方经济建设。

一年来，国网延边供电公司持续完善核心骨干网架，发挥大电网优化配置资源作用，为经济社会高质量发展提供不竭动能。积极促成国网吉林电力与延边州签订“合作协议”，引入投资11.01亿元，助推12个助力延边州经济发展重点项目保障工程实施；与和龙市、安图县人民政府签订“合作协议”；顺利取得珲春圈河、敦化北—黄泥河两项工程可研批复；成功投运敦化北（长益）220千伏输变电工程、延西—平安66千伏线路工程，大幅提升延吉市、敦化市供电质量。

电网不断升级，为城市发展增添了活力，也支撑了农村经济发展和现代化建设。过去一年，国网延边供电公司实施农网工程共3个批次39个项目，总投资1.0769亿元。截至目前，已组立杆塔9192基，新建及更换变压器84台、改造0.4千伏线路86.58千米。其余两个批次农网工程正在紧锣密鼓地建设中，工程的实施，可以为当地农村养殖业、新兴产业、乡村旅游、休闲农业、水利灌溉等乡村振兴项目注入新动能。

勇创新　探路新型电力系统建设

海兰江畔，沃野千里。山水环绕，一派生机。这是一片充满希望的田野，也是一片大有可为的热土。

近年来，国网延边供电公司扎实推动吉林省东部“山水蓄能三峡”项目实施，以“大美长白山 绿电百日行”活动为契机，立足资源禀赋，超前谋划、精准对接，助推延边高质量发展和“双碳”目标落实。

2022 年 4 月，吉林敦化一期装机容量 140 万千瓦抽水蓄能电站正式竣工投产。7 月，吉林省委书记、国家电网有限公司董事长共同启动吉林省“山水蓄能三峡”工程暨国家电网蛟河抽水蓄能电站项目全面建设。9 月，国网延边供电公司积极促成装机容量 120 万千瓦龙井龙河抽水蓄能电站框架协议签订。

在构建清洁低碳、安全高效的能源体系过程中，推动节能降碳，促进经济社会绿色发展是一个必不可少的环节。年初以来，吉林省政府加速实施“旗 E 春城、旗动吉林”项目。国网延边供电公司第一时间响应政府号召，提前布局边疆特色充换电基础设施建设，提早谋划高速公路换电站布局，解决新能源汽车长途行驶的“里程焦虑”和“充电困境”难题。国网延边供电公司现有充电桩客户 338 户，充电桩 460 个，电动汽车 1002 辆，总容量 2.71 万千瓦。

“十四五”期间，国网延边供电公司在保障电力系统安全、促进新能源消纳、推动能源清洁低碳转型的同时，新扩建 66 千伏及以上变电站 21 座，新增变电容量 168.07 万千伏安，建设线路 618.3 千米，积极推进延边地区 5 座共计 700 万装机容量抽水蓄能电站的前期建设工作。

促转型　助力乡村振兴增添活力

塔吊林立，机车轰鸣……12 月 20 日，在延边州和龙市光东村的农业融合产业园内，二三十名工人正在如火如荼地进行项目建设。

自2015年7月，国网延边供电公司加快推动传统农村电网向能源互联网转型升级，保障农村经济社会发展用电需要，坚强的电网结构托起了边疆乡村致富奔小康的梦想。国网延边供电公司以“共建共创”模式为新边疆服务注入新动能。建立113个供电服务点，依托“村企共建”模式直接服务居民3.12万户。同时立足服务边贸，以“商企共建”模式服务4个外企工业园，打造12个供电服务点；应用大数据分析为企业提供智慧用电方案56份，实现供电服务“国际化”。

“从脱贫攻坚到乡村振兴，这些年，供电公司帮我们村进行增容改造，为我们提供了充足的电能。”和龙市光东村党支部书记玄杰说。几年时间，光东村就成了延边远近闻名的民俗旅游村，村里铺了新路、建了新房，发展起了民宿，修建了观景台，村民过上了富足的生活。

聚焦特色产业发展，助力提质增效；注重乡村党建引领，提升治理水平；激发村民内生动力，促进乡村人才振兴……过去一年，国网延边供电公司全力做好汪清整县光伏清洁能源的并网服务，对光伏扶贫电站实现电量全额消纳、收益按月结算，持续推进乡村电气化项目建设；在包保帮扶的14个村，派驻村第一书记4人，驻村工作队员16人，带动392名贫困群众脱贫；建设向阳村“电力爱心超市”，在提升村民精气神和幸福感的同时，助力新时代“三农”工作开启新篇章。

优服务　融合促发展开启新征程

电力作为经济社会发展的重要支撑，是优化营商环境的关键一环。2022年，国网延边供电公司深入推进“三零”“三省”服务，多方位精准发力，最大程度精简办电环节、压缩办电时间、降低用电成本，全面打造高效率办电、高品质服务、高质量供电的电力营商环境，提升“获得电力”服务水平。

“非常感谢，没想到我们还没去营业厅申请报装，你们就上门服务了。”7月3日，敦化市渤海公园项目用电负责人王阳光向国网延边供电公司工作人员郑洋表达谢意。国网延边供电公司从该企业立项起便启动了用电项目前期咨询服务，并根据客户需求多次优化供电方案，得到了企业的好评。

2022年，国网延边供电公司围绕延边州“百日攻坚”行动，构建客户报装项目主动超前服务模式，妥善解决天池矿业、瀚丰矿业、和安河金矿等企业用电问题。主动出资为15家大中型客户、3446家小微企业提供“三零”“三省”服务，节约企业办电成本5000余万元，实质性助企纾困解难。抢抓州庆前时间节点，保障恐龙王国、琵岩山温泉旅游度假村、延吉市民俗园等项目快用电、用好电。

征程万里，行则将至；关山万重，步履不停。国网延边供电公司将继续深入推进“一体四翼”高质量发展，在保障电力可靠供应、助力“六稳”“六保”、推动能源转型中践行初心使命，书写精彩答卷，为中国式现代化赋动能展担当。

【延伸阅读三】

国网梅河口市供电公司心系百姓　电暖乡亲

2022年11月21日，国网梅河口市供电公司收到梅河口市委组织部的感谢函，对公司提前高质量完成吉林省电暖乡亲试点工作表示诚挚感谢。

“电暖乡亲”专项活动是由吉林省委组织部牵头，针对农村建成20年以上住宅老化电线改造项目，是贯彻落实省委“基层建设年”部署要求，推进“我为群众办实事”的重要举措，是巩固拓展脱贫攻坚成果，全面实施乡村振兴战略具体实践。2022年7月26日，国网梅河口市供电公司积极响应政府号召，在全省率先开展“电暖乡亲”专项活动，对农村公共区域电网设施进行全面检修，对农村住宅老化电线、表箱、表计、箱内开关等用电设施进行维修及更换。自专项活动启动以来，国网梅河供电公司第一时间与各乡镇政府相关部门对接，成立活动领导小组，召开“电暖乡亲”活动启动会，所辖17个乡镇供电所迅速行动，组织党员服务队深入农户家中，宣传讲解安全用电知识和改造政策，帮助农户读懂政策，赢得农户支持，引导农户积极主动报名参与老化电线改造。同时，根据村民需求，制定工作方案，明确工作内容、方法步骤、任务分工等事项，建立老化线路改造台账，确保改造工作顺利开展。改造过程中，各供电所对照工期计划，综合考虑天气情况、施工环境等，按照适度超前的原则，强化人员责任落实，建立分片包干、督导检查、定期通报工作机制，倒排工期，统筹开展现场核验、入户测量设计、改造施工等工作，确保“改造一户、合格一户”。

国网梅河供电公司利用3个月左右时间，累计出动工作人员2568人次，完成所辖19个乡镇265个村，667户改造任务，完成室内布线68750米，安装开关插座5973个、照明设备2633个，减免施工费约26.08万元，在变台改造、更换进户线等施工中投入资金410万元，超额完成试点工作任务。

本次“电暖乡亲”专项活动，国网梅河供电公司用实际行动解决了百姓的心病，彰显了央企担当，充分发挥了梅河口试点先行的样板作用，进一步打通了为民服务最后“一百米”，切实增强了人民群众的获得感、幸福感、安全感。接下来，国网梅河供电公司将继续认真践行“人民电业为人民”企业宗旨，始终坚持以人民为中心的发展思想，为乡村振兴提供坚强电力保障。

【延伸阅读四】

国网通化供电公司全力保障通化冰雪经济可靠用电 点亮璀璨冰雪美景

“滑雪起源地，雪舞通化城。”吉林省通化市是新中国滑雪运动的起点城市之一，曾举办过新中国第一次全国滑雪比赛，诞生过新中国第一位滑雪冠军，被誉为“中国滑雪之乡”。

通化市践行“冰天雪地也是金山银山”的发展理念，借助北京冬奥会难得契机，紧紧围绕吉林省“一主六双”高质量发展战略，主动融入、全力推动、深耕冰雪产业，建“新城”、亮“名片”。国网通化供电公司在助推通化冰雪经济发展上，坚持从客户角度出发，让客户在办电、用电方面省心、省力又省钱，为“冷资源”变成“热产业”提供充足电力保障。

护航冰雪产业　助力新城建设

12 月 26 日晚，虽然气温已经降至零下 25 摄氏度，但通化万峰滑雪场却依然灯火通明，人声鼎沸。国网通化市城郊供电公司金厂供电所三名工作人员正在对雪场的配电室进行检查，保障雪场夜间用电可靠。

通化冰雪产业示范新城规划面积约 12 平方千米，总投资约 100 亿元，建设内容以冰雪运动、康养度假、赛事服务为核心，分为三期建设。自 2020 年示范新城一期项目开工以来，为满足项目 29550 千伏安报装容量需求，国网通化供电公司先后新建 3 条 10 千伏供电线路，全长 15.2 千米，保障滑雪场、度假酒店、温泉酒店等电力供应。

项目建成后，国网通化供电公司实行“一对一”专属定制服务，定期上门对造雪机、冷风机、配电室、电动步道等用电设施进行检查消缺，确保雪场安全可靠用电，为推广普及群众性雪上运动，促进冰雪旅游产业发展提供坚强电力保障。

12 月 18 日，第六届吉林国际冰雪产业博览会开幕式暨通化冰雪产业示范新城启动仪式在通化市万峰滑雪场举行。博览会开幕前，国网通化供电公司成立专项工作领导小组，形成总体指导、现场指挥、场馆保障“金字塔式”保电模式。国网通化供电公司启动一级保供电预案，提前调整电网运行方式，制定事故处理预案，输电、变电、配电专业人员对保电涉及的电力线路、变电站进行全面巡视，及时消除设备缺陷及安全隐患。开幕式当天，国网通化供电公司组建 20 人的应急抢修队伍，配备两辆应急电源车、两辆应急抢修车驻场待命，备足备品备件，随时准备处理各类用电突发情况。

服务冰雪资源　带火冬季旅游

“感谢你们对滑雪场用电的大力支持，让我们接待游客更加无忧。”12月23日，国网柳河县供电公司共产党员服务队在柳河县青龙山滑雪场进行用电设备检修时，滑雪场经理武祥喜连声感谢。

近期，柳河县青龙山滑雪场游客越来越多，为保障滑雪场的安全可靠用电，国网柳河县供电公司党员服务队主动义务上门对滑雪场用电设备进行全面排查。服务队队员对滑雪场的每一处配电柜、配电箱都逐一进行检查，对有可能存在问题的设备进行细致排查，并用红外测温仪监测各处接点。

检查结束后，服务队队员向滑雪场负责人讲解日常用电安全注意事项，以及遇到用电故障时的处理方法。

旅游要发展，电力必先行。国网柳河县供电公司在青龙山滑雪场建设过程中，帮助改造架空线路6千米，新立水泥杆104基，安装柱上开关3台，全力保障滑雪场建设及后期运行用电。

暖心延伸服务　赋能冰雪经济

“你们的检查和服务太及时、太到位了，近期气温低、用电量大，一直担心出现用电故障，你们可给我们滑雪场吃了一颗定心丸。”12月25日，梅河口市鸡冠山滑雪场负责人握着国网梅河口市供电公司小杨供电所党员服务队队长的手说。

近日，持续低温天气，但滑雪爱好者却热情不减，梅河口市鸡冠山滑雪场吸引了很多游客。国网梅河口供电公司小杨供电所成立了党员服务队，并为鸡冠山滑雪场量身定制电力延伸服务。这天，服务队队员来到鸡冠山滑雪场检查用电设备和周边线路。服务队队员对滑雪场造雪机、配电室、配套生活用电设备等进行“安全大体检”，排查用电安全隐患。同时，还对涉及的供电线路进行夜间巡视、特殊巡视和设备红外线成像监测，全面掌握线路和设备运行状况。

【延伸阅读五】

国网通化供电公司全力服务杨靖宇干部学院

“现在学院用电设备已满负荷运行。为了避免发生故障影响用电，咱们再模拟操作一次备用电源开关。这是主电源 10 千伏通靖线的开关，这是备用电源 10 千伏通达线的开关……” 2021 年 2 月 22 日上午，国网通化供电公司东昌区供电中心配电带电作业班班长刘海洋耐心指导着杨靖宇干部学院的电工。

通化市是民族英雄杨靖宇战斗过的地方，是东北抗日联军第一路军的后方基地。位于通化的杨靖宇干部学院是一所以开展党性教育、爱国主义教育、社会主义核心价值观教育为主的干部学院，于 2019 年年初开工建设。

2019 年 2 月 21 日，农历正月初七。由于学院建设需要，国网通化供电公司启动了杨靖宇干部教育学院线路迁改工程。而在春节期间，国网通化供电公司召开了 3 次项目协调会，组织专业人员提前勘查施工现场，确定迁改方案。

2019 年 2 月 21 日，国网通化供电公司组织了一支 30 人的施工队伍进入作业现场改造供电线路。当时正值隆冬，室外气温达零下 20 多摄氏度。冻土层较深，为电缆沟挖掘作业带来挑战。现场施工负责人唐明海有些着急。如果不能及时安装完这些电力线路和设备，就会影响其他电力线路的拆除进度，耽误学院建设。为了加快工程进度，唐明海决定增加施工设备数量，并安排员工两班倒开展作业。

经过 15 天的努力，施工队伍共敷设电缆 5.26 千米，安装高压环网柜和箱式变电站共 8 台，新建电缆井 14 座。经过两天的设备调试，学院所有电气设备在 3 月 9 日投入运行。

3 月 10 日，国网通化供电公司又组建了一支由 40 人组成的党员突击队。突击队队员采取集中“作战”的方式，拆除 10 千伏农药线、靖宇线、公园线、造纸线、银厂线中影响学院建设的电力设施。经过 3 天的奋战，突击队队员共拆除供电线路 4.6 千米、电杆 68 根。

在学院建设过程中，国网通化供电公司还安排了两名员工与学院相关人员对接，提供 24 小时的用电咨询服务。为配合学院建设，国网通化供电公司采取“验收一栋楼、接电一栋楼”的方式开展接电作业。2020 年 9 月 3 日，杨靖宇干部学院接通了全部电源。

学院通电后，国网通化供电公司成立了专门的保供电小分队，负责学院举办各类大型活动时的保供电任务。2020 年 9 月 14 日，学院开办了为期 5 天的党性教育专题研修班。国网通化供电公司安排了一台应急电源车保障学院可靠用电。保供电小分队的 6 名队员在队长刘海洋的带领下，将应急电源车停靠在学院高压配电室外，并将应急电源车的电源与配电室连接。在随后的 5 天里，他们始终坚守现场，不仅帮助学院检查用电设施，还现场培训学院的电工，为学院提供更优质的供电服务。

阅读思考

1. 回顾历史，老一辈电力人的艰难创业史给了你怎样的感悟？
2. 你清楚国家电网有限公司在社会民生、国民经济发展中承担的责任吗？
3. 你会如何向别人介绍国网吉林电力的发展史？哪些内容使你感受深刻？

第二章

固本：坚守安全防线为电网筑基

坚持中国特色国家安全道路，贯彻总体国家安全观，坚持政治安全、人民安全、国家利益至上有机统一，以人民安全为宗旨，以政治安全为根本，以经济安全为基础，捍卫国家主权和领土完整，防范化解重大安全风险，为实现中华民族伟大复兴提供坚强安全保障。

——习近平在主持中共十九届中央政治局第二十六次集体学习时的讲话

强化意识，守住安全红线

习近平总书记曾就做好安全生产工作作出重要指示，并首次提出“安全红线”理念，强调人命关天，发展决不能以牺牲人的生命为代价，这必须作为一条不可逾越的“红线”，并进一步强调，这个观念必须在全社会牢固树立起来，一定要非常明确、非常强烈、非常坚定。

国家电网有限公司要求各级单位牢固树立总体国家安全观，统筹好发展与安全。强化电网安全，夯实各级网架基础，加强大电网运行控制，确保安全稳定运行；强化设备安全，深化设备精益管理，加快构建现代设备管理体系；强化网络安全，健全防护体系，提升主动防御能力；提升管控水平，深入开展安全生产专项整治行动，全面建成安全管理体系，推进安全治理体系与治理能力现代化。

国网吉林电力时刻绷紧安全这根弦，明红线、守底线，紧盯安全目标，狠抓安全工作，连续实现 16 个安全年目标。然而，安全生产永远在路上，只有进行时，没有完成时，对于安全生产须臾不能放松，须臾不敢放松。

思想隐患是最大的安全隐患。公司广大青年要牢记：安全是一切工作的前提、基础和保障，是最大的政治、最大的政绩、最大的效益、最大的形象。要牢固树立安全第一的思想，强化安全风险防范意识，时刻将“严”字记在心头，要始终克服一个“松”字，消除思想上的安全隐患，努力提高安全素养和安全技能，将思想和行动相统一、理论与实践相结合，严守安全红线、底线，真正做到“三不伤害”，即“不伤害他人、不伤害自己、不被别人伤害”，争做安全标兵。

【延伸阅读一】

一声巨响，摧毁了三个幸福的家庭

2010年8月18日，垱岭220千伏变电站技改工程到了最后一项整改工作，对电压互感器进行二次补偿绕组作业。当天20时，垱岭220千伏变电站收到施工单位新星实业总公司变电工程分公司检修班的一份变电第一种电子工作票，工作内容为“10千伏Ⅰ段电压互感器更换”，工作票编号为“垱岭变201008015”，工作负责人为徐某，工作票签发人为彭某。8月19日7时10分，变电站值班员汪某接到地调洪某关于10千伏Ⅰ段母线电压互感器由运行转检修的指令，操作人徐某，监护人何某，填写并执行“垱岭变201008015号”操作票，于7时23分完成操作，将10千伏Ⅰ段母线电压互感器由运行转检修。变电站运行人员未认真审核工作票上所列安全措施内容，只按照工作票所填要求，拉出10千伏Ⅰ段母线设备间隔9511小车至检修位置，断开电压互感器二次空开，在Ⅰ段母线电压互感器柜悬挂“在此工作”标示牌，在左右相邻柜门前后各挂红布幔和“止步，高压危险”警示牌，现场没有实施接地措施。由于电压互感器位置在9511柜后，必须由检修人员卸下柜后挡板才能进行验电，变电站运行人员（工作许可人）何某与工作负责人徐某等人一同到现场只对10千伏Ⅰ段电压互感器进行了验电，验明电压互感器确无电压之后，7时50分，工作许可人何某许可了工作。工作负责人徐某带领工作班成员何某、袁某、汪某、石某四人，进入10千伏高压室Ⅰ段电压互感器间隔进行工作，工作分工是何某、石某在工作负责人徐某的监护下完成电压互感器更换工作，袁某、汪某在10千伏高压室外整理设备包装箱。

8时30分，10千伏高压室一声巨响，浓烟喷出，控制室消防系统报警，1号主变压器低压后备保护动作，分段931开关跳闸，10千伏侧901开关跳闸。值班人员马上前往10千伏高压室查看情况，高压室Ⅰ段电压互感器柜处现场有明火并伴有巨大浓烟，何某浑身着火跑出高压室。在高压室外整理包装箱的袁某、汪某帮助其灭火，变电站值班长邓某立即指挥本值员工苏某、胡某、韩某灭火，但由于室内温度太高、浓烟太大无法进入高压室进行灭火。变电站人员拨打120、119求救，并报告供电公司领导。现场施工作业人员和运行人员再次冲入高压室内进行灭火和救人，发现徐某和石某在10千伏Ⅰ段母线电压互感器柜内被电击身亡。120救护车到达现场后，把烧伤的何某送往医院进行救治，诊断烧伤面积接近100%，深度三级，经抢救8天后医治无效死亡。此次事故的发生导致3个幸福的家庭就这样破灭了。

【延伸阅读二】

人再少也不能耽误施工进度

2022年9月19日，国网延吉市城郊供电公司依兰供电所所长王兆伟在办公室接待了吉林省高速公路集团有限公司延吉分公司负责人。

“您好，我是依兰供电所所长王兆伟，请坐，请问有什么事情?”

“你好！按照我们上级公司要求，需要对跨越高速公路的电力线路、通信线路等设施进行落地，消除高速公路安全隐患。现在延吉分公司辖区珲乌高速及牡延高速存在18处需要整改的电力线路，希望贵公司能够在年底前协助完成整改。”

用户的事情刻不容缓，王所长及时将情况向生产副经理和运检部主任进行了汇报。生产副经理崔勇彬指示依兰供电所，在做好疫情防控的同时，积极协助做好电力线路交叉跨越的整改工作。

为加快进度，王所长一边组织现场勘查，一边安排人员准备材料，各项施工前的工作紧锣密鼓地准备着。

“十一”刚过，新一轮新冠肺炎疫情暴发，公司执行最小化办公。为保障工程进度，王所长坚持每天到岗，但是整改跨越高速公路的电力线路需要占用农田，又一道难题摆在了面前。

办法总比困难多。由于疫情原因，无法与农户当面沟通，王所长就通过电话与村委会、农户沟通征地补偿问题，保障农户的利益。

新冠肺炎疫情一直在持续。12月9日，王所长组织召开班前会：“同志们，珲乌高速及牡延高速18处10千伏线路交叉跨越整改落地工作，由于疫情原因已经耽搁了很长时间，务必争取在12月月底前拿下。工作中，做好自身疫情防控的同时，要严格遵守现场安全措施，确保人身安全，大家有没有信心?”

“所长，现在疫情才刚刚好转，我们所里除了保修值班6人，郑学先、凌宗文、韩东军还在隔离，还有小付等2名女同志，只剩下7人能够参加作业。这么大的工作量，我们怎么干得下来呀!”黄亮苦着脸说。

“黄亮，就你怕苦怕累！高速公司已经申请了好长时间，我们要讲诚信，对答复用户的事情就要说到做到。虽然工作量较大，希望大家能够克服困难，人再少也不能耽误施工进度!”

12月12日，依兰供电所8人在王所长带领下来到施工现场。

“金赫哲、康俊发负责停电、挂接地线，布置现场安全措施等工作。黄亮等3人负责登杆作业，王所长和陈海宇负责备料工作。”在工作负责人的指挥下，各项工作有条不紊地进行着。

中午，供电所值班人员将盒饭送到了施工现场，工作人员席地而坐，狼吞虎咽。

“大家都吃完了吧！现在天黑得早，还有很多工作没有完成，咱们就等今天工作结束再休息吧!”王所长等大家吃完午饭就急忙说道。

12月17日16时36分，天已经黑了下来，最后一处跨越高速公路10千伏线路落地。经过一个月的努力，18处交叉跨越高速公路线路全部施工完毕。

“这几天大家辛苦了！今天晚上我请客，饱饱地吃一顿。”“所长，去哪呀?”陈海宇笑着说道。“职工食堂!”在一片欢笑中，大家开心地驱车赶回了供电所。

强化教育，提升安全技能

在党的二十大报告中，习近平总书记强调要坚持以人民安全为宗旨，坚持安全第一、预防为主，建立大安全应急框架，建设更高水平的平安中国，以新安全格局保障新发展格局。强化安全教育培训，提升全员安全意识和安全技能，是安全工作的重中之重。

国网吉林电力常态化开展安全教育培训，目的是促进全体干部员工进一步提高认识、明确方向，充分认识做好安全工作的极端重要性，牢固树立"四个最"意识，把安全的责任时刻记在心上、扛在肩上，紧盯安全目标，全面实现"双提升"，即全面提升安全素养和安全技能。

"基础不牢，地动山摇"。公司广大青年应深入学习贯彻习近平总书记关于安全生产重要论述、国家安全生产法律法规，国家电网有限公司和国网吉林电力安全生产规章制度及文件要求，积极学习安全工作规程，熟悉现场作业的危险点和安全隐患，身体力行"安全第一、生命至上"理念。要坚持带着问题学，从"安全目标是什么，如何实现；安全责任有哪些，如何落实；风险隐患有多少，如何防范；应急预案有什么，如何执行"四方面着手开展安全学习。通过参加各类安全主题宣讲、警示教育、宣传咨询等系列活动，切实实现自身安全素养、安全技能的"双提升"。

【延伸阅读一】

国网松原供电公司利用 VR 技术开展安全教育培训

为切实把好安全生产第一关，2019 年 3 月初，国网松原供电公司利用 VR 技术针对生产一线人员开展安全教育培训。该 VR 系统包含综合集成技术、计算图形学、人机交互技术和人工传感技术，可在虚拟的环境中还原设备巡视、物体打击、高空坠落、高空行走等多个典型电力作业场景。

【延伸阅读二】

创新赋能安全　新办法带来一线新活力

马超然是国网延边供电公司计量中心的青年员工，任计量资产管理与检验检测技术一职。他在工作中始终坚持着“时时放心不下”的责任感，用严谨的态度保障每一次电能表检定工作的安全开展。

作为电力市场交易秩序的守护人，检验检测工作肩负着保障延边州范围内130余万只在运电能表精准运行的任务，且具有检测场景复杂、习惯性违章突出、用户体验影响大的特点，既有现场作业也有实验室作业，长期重复性动作易引发思想松懈隐患，一旦发生事故直接影响客户用电。面临各种“老难题”，青年电网人给出了“新答案”。

在实际管理中，马超然坚持以组织制度和技术措施“双红线”严格把关，用创新手段狠抓安全生产要求落地。他组织检验检测班开展实验室风险隐患“大曝光”活动。在每一套检测台上，均以展板的形式公示隐患风险点和注意事项。他还坚持“安全培训走出教室”的原则，带领全员在实验室和用户现场开展安全教育，现学现练，发现问题现场研讨解决。针对

重复性操作的习惯性违章现象，他运用新技术、新手段，要求安全员通过手机录制习惯性违章环节的操作视频，并发送到“i国网”工作群，于班前班后会进行“大家来找茬”，并在绩效考核中给予奖惩。

通过一系列组合拳，检验检测专业自中心成立以来一直保持着营销安全规程和变电安全规程双考试合格率100%。他说，青年员工的特点就是思想活、办法多，把创新思维运用到安全生产中，可以用新方法解决老难题，更有效地助力传统专业适应电网建设的新形势和新任务，让青春力量绽放在安全生产一线。

强化纪律，规范安全行为

习近平总书记强调，安全生产是民生大事，一丝一毫不能放松。安全就像一个圆，没有起点和终点，是永无间隙、永无止境的工作，强化安全纪律必须常抓不懈，不能忽冷忽热、时紧时松，不能存有丝毫的侥幸心理和麻痹思想，要把遵守纪律转化为员工的行为自觉。

近年来，国网吉林电力生产、基建任务十分繁重，各类作业点多面广，工程投产、异常方式、倒闸操作多，对确保人身、电网、设备、网络信息安全提出了严峻挑战。

公司广大青年要懂得：安全与其他工作是“1”和“0”的关系，没有安全这个“1”，一切业绩都无从谈起，青年要牢牢遵守安全纪律，执行安全制度是保障自身安全生产的关键，凡事都要做到有规可守、有制可循、有文可依，用制度红线强化安全理念、固化安全行为，尤其是现场作业，要严格作业计划管理，严格执行《安规》和“两票三制”，严格执行作业现场“十不干”，不能有丝毫的偏差，才能够确保安全生产这个“1”屹立不倒。

【延伸阅读一】

变电运维班长的“安全十二时辰”

卯时（5：00—7：00）：“人到齐了，开车吧。”2018 年 5 月 14 日凌晨 5 点 10 分，一辆印有国家电网标识的面包车从四平市铁西区名苑雅居小区南门驶向致富 220 千伏变电站，今天变电运维二班班长王守伟及他的团队要对致富 220 千伏变电站 66 千伏热富甲线进行停电检修操作，调度前一天下达的预令操作时间为早上 6 点。

“今天将进行热富甲线开关机构大修及电流互感器、乙刀闸定检工作……会议结束后唐家军和孙成龙出去检查设备情况，林哥负责和调度联系，我再检查下昨天准备的操作票。”

和往常一样，每次的操作准备会在正式操作前半个小时准时召开，这样一个看似简单和短暂的会议却是每次运维人员倒闸操作的安全保障，它让所有人员都明确本次操作任务中各自的工作任务和安全职责。

辰时（7：00—9：00)：“挂地线的时候，一定要看好脚下，别被石头、安全遮拦桩绊倒，也不要碰到相邻运行间隔设备。”王守伟对刚获得操作权的孙成龙说道。每次倒闸操作，他都作为第二监护人在现场提醒操作人员提高安全意识。

“这样往上挑就可以吧？”孙成龙问道。

“不能直接握着绝缘杆底部往上挑，这样容易碰到邻近带电设备，得握着绝缘杆中部一点点往上举。”在王守伟看来，结合实际操作进行人才梯队培养，使安全文化和技能代代传承，是每一位运维班班长不可推卸的责任。

巳时（9：00—11：00)：“班长，包子都凉了，先吃一口，垫垫肚子吧。”值班员孙成龙实在不忍心看着自己的班长空着肚子在现场巡视，拿了几个包子送到了现场。

王守伟接过包子，微微一笑，狼吞虎咽了起来。

午时（11：00—13：00)：“12时10分，检修工作已经全部结束，可以进行传动试验，我去通知现场人员远离传动设备，一会儿咱们通过对讲机沟通。”

在全部设备验收合格后，王守伟组织人员再次按调度指令进行送电操作，不变的是他在现场孜孜不倦的监护和不厌其烦的提醒。

未时(13：00—15：00)：送电完毕返回运维驻地，已是中午2点多了，王守伟匆匆吃几口已经凉透的午餐，就开始研究《安全责任清单》的编制工作。

“忙了一上午了，中午不先眯一觉吗？”值长林永志问道。

“这个《安全责任清单》确实对咱们基层班组的安全管理有极大的帮助，早一天执行就多一分安全。你们先休息一下，一会儿咱们一起再讨论一下《安全履责评分考核细则》的内容。”

对于王守伟来说，作为国网四平供电公司《安全责任清单》的试点班组，率先完成清单的编制工作不仅是一项政治任务，也是给班组员工更早一点儿买一份安全保险。

申时（15：00—17：00）："我觉得对于巡视未及时发现设备缺陷这条考核细则应该再细化一下，区分一般、严重和危急缺陷的扣分标准。"监护人吕伟东建议道。

"我同意，并且我觉得不能只有扣分，如果及时发现各类缺陷也该加分，做到赏罚分明，调动大家积极性。"监护人唐家军也发表了自己的看法。

此时对于《安全履责评分考核细则》的讨论已经持续了2个多小时，王守伟将大家的意见逐条记录，他深知这样的讨论是《安全责任清单》在基层班组落实、落地、落细最直接有效的方法。

酉时（17：00—19：00）："叮铃铃"，《安全责任清单》的讨论刚结束，王守伟的手机铃声又响起。

"守伟，下班来趟工区，咱们再讨论讨论《常态工作实用手册》的一些细节，不能再拖了，我准备这周就将这书初稿送公司相关部室审阅。"这是变电运维室主管陈东峰的来电。

"好的，正好安全管理方面我又有两点新想法，一会儿一起讨论下。"

《常态工作实用手册》是变电运维室为创新专业管理手段、保持工作统一标准，实现本质安全的目标而组织编写的一本内部实用教材，包括变电运行、变电检修、安全管理三大部分，王守伟作为主编之一已经为此书付出了长达半年的努力，眼看定稿在即，他内心有一种莫名的兴奋。

戌时（19：00—21：00）：完成《常态工作实用手册》的讨论，回到家已经是晚上7点多了，饭刚吃一半，电话铃声再次响起，"监控中心刚通知我们条子河66千伏变电站10千伏红钢线跳闸了，让我们过来看看，现在10千伏高压室里全是烟，看不清，我们进不进？"这是监护人吕伟东的来电。

"很可能是出口电缆崩了，你们先打开门通通风，等能看清了再进去检查下设备，一定要注意人身安全，我马上联系相关专业，一会儿就到。"王守伟一边接着电话一边穿着工作服。

"一定要注意安全啊，干活别着急。"妻子追到门口，对着王守伟的背影叮嘱道。

亥时（21：00—23：00）：10 千伏红钢线的抢修已经进行了三个多小时，正如王守伟判断，红钢线由于常年高负荷运行，再加上线路有短路故障，导致电缆接头崩烧。

“下面比较黑，电缆比较多，小心别被绊倒。”王守伟对将要进入电缆沟作业的配电工作人员叮嘱道。

子时（23：00—01：00）：临近半夜 12 点，红嘴线出口电缆已经更换完毕。由于线路抢修工作还未结束，调度通知送电可能还得再等一个小时。

“老王，我们先撤了啊，辛苦你们运维人员了，来得最早走得最晚。”配电负责人张师傅说道。

“有啥辛苦不辛苦的，工作也是生活的一部分，如果是自己家里电线烧了，贪黑也得修好啊，那就不会有人觉得辛苦了。”

丑—寅时（01：00—05：00）：送完电回到家已经将近凌晨 1 点 30 分，匆匆洗漱完躺在床上，王守伟却无法入眠，他的思绪又飘到明天致富 220 千伏变电站 66 千伏热富乙线的停电作业现场……

第四节

强化管控，预防安全风险

习近平总书记强调，要牢牢绷紧安全管理这根弦，采取有力措施，认真排查隐患，防微杜渐。

公司广大青年要牢记：安全管理的本质是风险管控，作业安全是企业安全生产的基本保障，是确保人身、电网、设备、网络信息安全的必备条件。冰山理论告诉我们，安全事故的发生类似于海中漂浮的冰山，暴露的问题只是冰山一角，水面下可能隐藏很大的事故隐患。要预防事故发生，就要减少冰山底部的体积，重点应该放在未暴露的隐患问题的排查治理上。“破窗效应”告诉我们，一个小的隐患不消除，就会越来越严重，小事拖大，最终酿成严重事故。

风起于青萍之末，浪成于微澜之间。公司广大青年要树立“隐患就是事故”的意识，坚持安全防范的关口前移，学会善于从身边小事抓起，从现场细节抓起，以对待事故的态度对待隐患，对可能存在的风险和隐患认真评估，在行为上规范、约束自己，充分结合“安全生产专项整治三年行动”及“安全生产月”“安全生产万里行”等活动，积极参与隐患排查、风险分析和相关方案的编制工作，不断提升安全感知能力和管控能力。

【延伸阅读一】

捕捉现场问题的风险预防师

黄宝新，安图县供电所配电运检班班长，被同事们称为配电网的“医师”。日常工作中，他除了要定期给配电线路、变压器等设备进行“体检”，还要对突发的“疑难杂症”进行“诊治”，是保证电网安全可靠运行的守护者。

2010 年 7 月，安图县遭遇百年不遇的洪水灾害，连日的降水导致河水暴涨，大水冲垮多处桥梁，同时也威胁到了河道附近的线路杆塔，如果不进行抢修，很有可能造成城区部分用户断电。收到消息的黄宝新带领单位生产人员成立了“应急小分队”，立刻赶到现场，排除重大险情 4 处，隐患 7 处，有效地避免了倒杆断线等事故的发生，保障了安图县的正常供电。

2014 年 12 月 1 日 17 时左右，安图县明月镇迎来入冬的首场大雪，伴随着 7~8 级大风，气温骤降到零下十七八摄氏度，刷新历年入冬以来的最低气温纪录。鉴于天气恶劣，黄宝新和抢修人员不敢大意，守在单位随时准备应对突发事件。21 时 30 分，10 千伏城南线首端柱上真空开关跳闸，城南线全线停电。停电造成全城区用户断水、超过八成用户停暖。黄宝新迅速组织生产人员对故障线路进行巡视排查，他分析故障情况，结合线路周边环境先确定了两个重点巡视地段开展排查，发现了导致城南线跳闸的故障点，完成了抢修。为了防止二次停电，送电前黄宝新又带领抢修人员进行全线巡视，在巡视中，他们发现城南线泰达分 1 号柱上设备线夹铜铝过渡处断裂，于是再次投入新的故障抢修中，经过将近 1 个小时努力，排除了故障。等到城南线恢复供电时，已是凌晨 3 点多。

黄宝新秉持凡事做在前的原则，在工作中认真分析各种事故的原因、总结经验和教训，切实做到了“安全第一，警钟长鸣”。

【延伸阅读二】

排除潜在隐患，保障安全可靠供电

2017 年 9 月 30 日，国网白城供电公司全面进入“两节”和“党的十九大”会议保电状态，严格保持各项通信系统 24 小时畅通，随时应对各类突发事件。

安监部夏弘宇对应急指挥中心进行特巡时发现应急指挥中心机房艾默生空调运行异常，告警信号时亮时灭。经进一步排查发现分布式矩阵、音频功率放大器、电视墙服务器等多处出现故障。经专业人员检测，判定原因为空调室外进气系统制冷管进气阀与主管连接处虚接，管内氟利昂制冷剂泄漏，分布式矩阵、音频功率放大器、电视墙服务器等元件经长时间不间断运行，设备老旧且未进行更换维修致使运行情况不良。

为保持国网白城供电公司与省公司应急指挥中心联络通道畅通，夏弘宇启用了会管系统分屏推送信号画面，保持畅通。他立即联系设备厂家技术人员进行设备故障查询，指派信通公司专人特殊巡视，并严格履行检查记录，将发现的问题及时上报。国网白城供电公司下发《电力通信设施安全隐患整改通知书》，责成信通公司及时制定治理方案，落实相关问题整改及责任。同时，安监部及时修编《国网白城供电公司应急视频会议系统处置预案》，保证治理期间如遇突发事件可以得到高效有序解决，并立即在隐患公示板上进行隐患公示，监督治理完成情况，关注整改时间节点。发现问题后，夏弘宇及时联系设备生产厂家对音频功率放大器、分布式矩阵模块、电视墙服务器进行返厂维修，清理室外机风扇，更换室内机滤网，对空调室外进气系统制冷管进气阀与主管连接虚接处重新焊接。夏弘宇还组织各单位应急管理人员及信通管理人员对所辖各单位应急指挥中心进行全面检查，发现类似问题立即整改。

【延伸阅读三】

安全管理工作的“小能手”

乔延东是国网通化供电公司变电运维中心变电运维一班班长，在工作中他能担当、甘奉献，遇事冲在前，以高超卓越的业务技能，细致认真的工作态度，扎实紧绷的安全意识，得到了领导和同事的一致认可。

乔延东一直认为，只有不断实践，才能更好地将安全融入日常工作中。在班组安全工作中，小事不小看，细节方显成效。他积极推进桃源220千伏变电站开展“设备主人制”差异化管理工作。通过方案实施，桃源变设备缺陷处理率和设备健康水平显著提高，运维人员对现有缺陷情况和异常状态的处理流程，都能熟练掌握，大大提高设备的健康水平和供电可靠性。

在班组安全管理上，他坚持爱岗敬业，狠抓操作管理。针对变电站倒闸操作、巡视、事故处理等内容，他坚持严谨细致，秉承“安全第一”宗旨，严格办理两票，审好每一张票，对设备运行情况做到心中有数，确保操作万无一失。他坚持团队协作，狠抓安全生产，贯彻执行相关标准、规程、制度、规定、指导、监督、检查，规范运维班各项工作，妥善抓好系列重大工作的开展。他严于律己，发挥模范作用，在各项保供电任务中，始终坚守本职岗位，疫情期间，组织业务骨干远离市区连续全封闭值班33天，确保设备稳定运行。

潮平两岸阔，风正好扬帆。乔延东始终以饱满的热情和忘我的态度对待安全生产管理工作，勇于担当，着力补齐短板弱项，强化设备运维管理，提升班组业务水平，圆满完成了每一项生产工作任务。

【延伸阅读四】

配网不停电作业的“安全卫士”

谷孝春是国网延边供电公司带电作业中心配网不停电作业一班技术员，目前从事10千伏配网不停电作业等相关工作。在实际工作中，谷孝

春以实际行动带头示范，深入思考，不断总结，注重增强安全执行实效，用缜密的创新思维和扎实的作业技能切实提高了班组安全管理水平。

“今天的工作任务是10千伏长联甲线21左3号杆带电更换A相跌落式熔断器，作业的危险点和安全注意事项已经宣读完毕，请各位工作班成员清楚明确后，在工作票上履行交底签名确认手续。”工作负责人谷孝春在作业现场有条不紊地安排着工作任务。在执行每次工作任务时，他总是会细心布置作业现场，确保每一项安全措施落实到位。大到整个现场的安全布置，小到一颗螺栓的型号，他都会细心检查，逐一做到心中有数。在他的精心组织下，成功参评无违章作业现场4次，实现了连续两年作业现场“零违章”。

2020年10月，在10千伏培训线5号杆带电更换绝缘子实操模拟训练中，谷孝春作为专责监护人在地面监护带电作业人员。经过观察，他发现作业人员带电紧固不同规格的绝缘子螺栓时需要用不同的绝缘操作杆，费时费力，在更换绝缘扳手的反复操作中，作业人员的转身动作也加大了带电作业的安全风险。在这个细节上，谷孝春反复琢磨，一直思考着如何才能解决这一问题。一次偶然的机会，谷孝春从侄子手中的变形金刚上找到了灵感。他把变形金刚的伸缩变形的原理巧妙运用在了绝缘扳手的身上，在扳手上组合加装 4 种不同规格的套筒，利用伸缩原理迅速转换套筒规格，可以满足作业人员对于不同型号螺栓操作的需要。在反复的应力实验中，他向有经验的师傅虚心请教，最终研制了“多规格伸缩式套筒绝缘操作杆”。该工具降低了作业人员的操作难度，节省了作业时间。去年 4 月，谷孝春为了提高多规格伸缩式套筒绝缘操作杆的使用便捷度，进而将其用在更多作业场合中，他又提出了采用“短杆 + 套筒”的方式进行改进，在确保安全可靠的前提下，他顺利实现了这种绝缘操作杆在绝缘斗臂车上与其他短杆的配合使用。

谷孝春始终秉持“安全无小事，防患于未然”的工作态度，在作业现场牢牢抓住安全生产的细枝末节，真正成了一名配网不停电作业中的“安全卫士”。

第五节
强化监督，落实安全责任

习近平总书记强调，坚持党政同责、一岗双责、齐抓共管、失职追责，要逐级落实安全生产责任制。没有责任就没有压力，也就没有内在动力，落实安全责任是安全工作的灵魂，就是要按照“谁主管谁负责”“管业务必须管安全”的要求，把安全责任分解到岗位、落实到人头。

国网吉林电力紧紧抓住安全生产责任落实的“牛鼻子”，以《安全责任清单》为抓手，与岗位实际、制度执行、安全奖惩等相结合，实现“一组织一清单、一岗位一清单”，为各级干部员工有效落实安全责任指明了方向，通过落实安全生产奖惩制度，切实把各级干部员工的自觉性和责任心调动起来，促进全体员工的主动履责意识提升。通过加强执规执纪问责力度，对于发现的突出问题、严重违章和重大隐患，强化通报、约谈、考核和“说清楚”等机制执行，出硬拳、用重典、下猛药，切实提高安全责任落实的执行力和约束力。

只有知责明责，才能更好地履责尽责。公司广大青年要以深入学习《安全责任清单》为突破口，坚决照单领责、照单履责，并能够在履行自己安全责任的同时，监督其他人员履行安全责任，切实做到“知责于心、担责于身、履责于行”。

【延伸阅读一】

“三好”安全员孙守德

孙守德是国网梅河口市供电公司一名普通的农电工，他30多年如一日，尽心尽力地服务于当地老百姓的安全用电。因为技术好、服务好、口碑好，他被当地的百姓叫作“三好”电工。

1977年，孙守德刚成为一名农电工。那时，他虚心向老师傅请教，常常是白天跟着师傅们下现场，抄表、收费、架设电力线路，晚上拿着专业书籍，一学就是半宿。很快，他掌握了施工技巧，还知道了很多电气设备的工作原理。

如今，他不仅是供电所里的安全员，还要负责安全技术培训的各项工作。在开展农网改造升级工程中，他不仅要负责安全监督，施工中遇到的难题也要参与。因为技术全面，理论基础好，他曾多次代表国网梅河口市供电公司参加各类技能竞赛，获得了优异成绩。2011 年，50 多岁的他还参加了高级技师评定，并成为所里唯一一名高级技师。

为了落实好上级部门布置下来的安全性评价工作，保障工作顺利推进、不断深入，孙守德带领组员进行试点引领。他将每次检查、检修查出的安全隐患和缺陷记录下来，装订成册，以备后查。在查评报告中，他不回避，不遮丑，如实、客观地反映情况，为国网梅河口市供电公司安全管理决策提供有力依据。

作为安全员，孙守德还带人建立健全适合自己供电所的安全保证体系和监督体系，制定奖罚办法，并深入百姓家里和施工现场，对作业现场进行跟踪。

“以前，我们对安全生产基础总是自我感觉良好，通过安全自查评，我们发现许多不足和薄弱的环节，有效地预防了事故的发生。”新合镇供电所所长戴强说。

【延伸阅读二】

大风天里的危险火花

2015 年 4 月 9 日，某供电所进行 10 千伏农网改造施工，当天施工任务为农网工程新建的 10 千伏某线各分线接引，该工作使用施工作业票，施工期间，10 千伏某线旧线路不停电。

在 4 月 9 日早 7 点 30 分，安全督察组鲍某、宋某与供电所工作负责人张某等 4 名施工人员同时到达施工作业现场。到达现场后，督察人员对新建 10 千伏某线进行全线监督检查，检查发现施工地点附近有一处新旧线路交叉跨越情况。目测判断，新旧导线距离较近，当天风力较大，为防止发生感电伤人，确保施工安全，督察人员要求现场工作负责人暂时停止开工作业，补填施工作业票上安全措施，在交叉跨越地点两侧装设10千伏接地线2组，有效确保现场施工作业人员人身安全。工作负责人在接到督察人员整改要求后，立即组织工作人员返回供电所领取验电器、接地线等安全工器具，回到施工作业现场按照施工作业票上现场补充安全措施加挂10千伏接地线。工作负责人指派庞某进行操作，张某进行监护，操作人员按照《安规》要求埋设接地线接地钳子标准位置后登杆进行验电，在验电期间未发现线路有电，开始装设接地线上端挂头。接地操作完毕，在下杆至杆塔中段时，督察人员发现接地线接地端对大地放电，接地钳子埋深孔洞有烟雾产生，并伴有放电声，间歇性有放电火花。督察人员要求操作人员立即停止下杆，要求再次调整杆上位置，在杆塔上风侧站好，避开接地线上端挂点位置，防止接地线路烧断砸伤及倒杆风险，并要求再次检查腰绳、脚扣是否固定良好。督察人员要求监护人立即撤出现场保持安全距离，以免跨步电压伤人，并立即要求供电所工作人员对旧10千伏某线进行停电。在确认线路已经停电，操作人员可以安全撤离现场时，督察人员要求下杆撤离现场进行休息，并组织现场作业人员对线路进行巡视，寻找放电事故点。最终确定原因为施工地点附近的交叉跨越因风力较大，新旧导线搭接造成放电。工作负责人在现场填写事故应急抢修单后，布置各项安全措施，对新建10千伏某线进行了处理，调整导线高度，在确保不会因风偏再次发生搭接的可能后，拆除接地线，重新送电。

阅读思考

1. 安全规则意味着什么？它与我们的行为安全有什么内在联系？
2. 你的工作中，有哪些安全控制点？需要做好哪些安全预防工作？
3. 国网吉林电力有哪些安全教育活动？你在学习活动中总结了哪些经验？

第三章

用心：

践行企业宗旨为人民服务

江山就是人民，人民就是江山。中国共产党领导人民打江山、守江山，守的是人民的心。治国有常，利民为本。为民造福是立党为公、执政为民的本质要求。必须坚持在发展中保障和改善民生，鼓励共同奋斗创造美好生活，不断实现人民对美好生活的向往。

——习近平在中国共产党第二十次全国代表大会上的报告

第一节

精准服务　聚焦客户需求

习近平总书记在党的二十大报告中指出，全党要坚持全心全意为人民服务的根本宗旨，树牢群众观点，贯彻群众路线，尊重人民首创精神，坚持一切为了人民、一切依靠人民，从群众中来、到群众中去，始终保持同人民群众的血肉联系。国家电网有限公司作为关系国家能源安全和国民经济命脉的国有重点骨干企业，始终坚持以人民为中心的发展思想，以客户满意和价值提升为目标，最大限度满足客户需求，不断完善以客户为中心的现代服务体系，用一流服务做好电力先行官，架起党联系群众的连心桥。

积极沟通——全面了解客户需求。与客户沟通是营销服务人员非常重要的一项工作，积极主动与客户交流，学会倾听客户想法，是做好服务工作的前提。营销服务人员要不断增强与客户的沟通能力和沟通技巧，做到主动交流乐于倾听，积极沟通勤于思考，从而进一步了解客户想法，掌握客户需求，为下一步优质高效地服务客户提供准确的方向指引。在沟通过程中，营销服务人员要给予客户充分的尊重，多用客户听得懂的语言，阐述如何满足他的需求，如何为他提供便利，以及如何为他创造价值。

换位思考——深度理解客户需求。坚持由“业务视角”向“客户视角”转型，抓住客户需求点，提升服务质效，不但在服务方式和态度上满足客户的感性需求，而且在服务内容上深度满足客户的理性需求。理解客户的需求类型和需求要素，以客户视角优化服务工作，提高服务质量，更好地满足客户需求。“始于客户需求，终于客户满意”目标的达成，需要国网吉林电力全体员工的共同努力。

对症下药——精准服务客户需求。做好优质服务工作的前提，是想客户所想、急群众所急、解群众所忧，营销服务人员要以广大人民的利

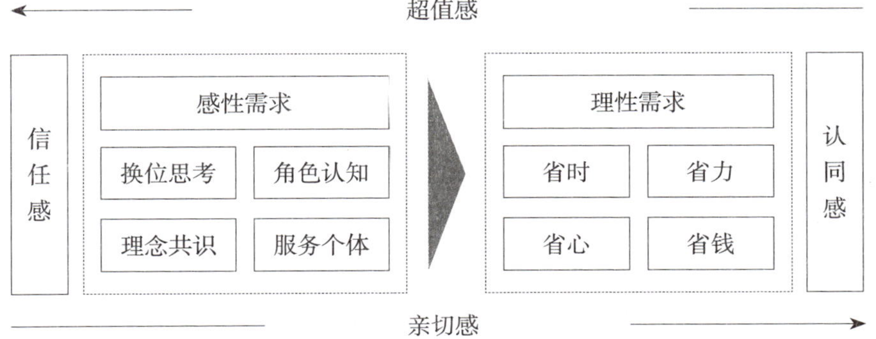

益为重，设身处地为办事群众考虑，优质高效地满足客户所需。坚持客户至上，围绕客户服务一条主线，把客户需求贯穿各项工作。坚持问题导向，抓住客户服务热点难点，精准发力，有效提升服务质效。坚持因地制宜，综合考虑地域差异、市场竞争、成本效益等因素，明确服务边界，优化服务标准。坚持创新引领，根据客户和市场需求变化，不断优化服务体系，创新服务体制机制，确保国网吉林电力在能源行业的示范引领地位。

国网吉林电力加强供电服务建设，落实国家电网有限公司“管业务必须管服务”的要求，构建全员、全面、全方位的供电服务建设管理体系，强化供电服务监督管控，持续推动供电服务“十项承诺”和员工服务“十个不准”有效落实。

【延伸阅读一】

以真情服务电“靓”青春

8年时间斩获“全国青年岗位能手”“国家电网有限公司服务之星”“吉林省文明服务明星”“国网吉林电力劳动模范”“国网吉林电力青年五四奖章”“长春好人”“长春市五一劳动奖章”“长春市三八红旗手”等40余项荣誉，入职至今参加各类比赛21次，取得冠军15次；着力提升优质服务水平，处理工单准确率100%、客户满意率100%……令人感叹的数字背后，是李国华忘我拼搏、建功岗位的点点滴滴，她用巾帼不让须眉的别样豪情，撑起了“人民电业为人民”的青春誓言。

李国华和许多同龄人一样，大学毕业怀揣青春梦想踏入国家电网的大门，开启人生新的征程。“只有把青春与伟大事业、与服务人民融入在一起，青春才能真正有价值、有意义、有精彩。”她是这么说的，也是这么做的。

刚中见柔　服务客户细致入微

调任国网长春供电公司绿园区供电中心担任营业班班长的李国华深知，营业厅是企业服务客户的窗口，一言一行代表企业品牌形象。她从一点一滴入手，优化服务流程，提升客户体验，待人温娴，细心周到。

2018年夏天，为落实国家“三供一业”分离移交政策要求，一汽集团10.8万用户要在4个月内移交给绿园区供电中心。“时间紧、任务重、要求高。我第一时间组织班组人员制定工作方案，明确工作任务排班和人员分工。营业窗口是分离移交的第一步，只有及时快速准确地开好头，才能保证后续流程顺利开展。同时窗口负责接待一汽地区新用户办理业务，必须展现出我们国家电网优质的服务品牌形象。”李国华回忆道。连续4个月的日夜奋战，没有一个人休息过节假日，白天受理客户业务，晚上完成186系统中工单流程，最多的时候一天发起工单1000多张，客户受理量800多人次，是

平日工作量的十几倍。但他们从未发生工单质量差错和责任性投诉，圆满完成分离移交工作，一汽地区居民客户端平均电压合格率达98.5%，平均供电可靠率达到99.9%。李国华带领的班组也获得了“国家电网有限公司先进班组”荣誉称号。为了用户早日用上电、用好电，在她的心里，再累，也值得！

乘风破浪　抗击疫情担当有为

越是在困难面前，越能体现一个人的担当。新冠肺炎疫情的突如其来，给了李国华一张“特殊的考卷”，她沉着淡定，冷静面对，因为她知道，疫情面前不能退缩，没有退路可言，不畏生死，势必功成。

人生总有些不期而遇的小惊喜。2020年的妇女节，她收到了一份特殊的礼物——人生中第一面锦旗，让她意外惊喜之余，更多的是感动和欣慰。3月4日下午，汽开区疾控中心因疫情需要搬迁办公地点，必须在5天内通电办公，向绿园中心提出办电申请。李国华意识到这项任务的重要性，立即组织青年突击队到现场进行勘查，确定出供电方案，连夜调用人员、物资，第二天中午就完成了4个电源点、105千瓦容量的全部送电工作，比客户预期早了4天。此项工作得到了汽开区政府的高度赞扬，得到了疾病预防控制中心的感谢。“锦旗上‘情系企业、热情周到、保障抗疫、尽心尽责’16个字，最朴实的话语却是对国家电网有限公司‘顶梁柱’和‘大国重器’作用的最高褒奖，作为国网人非常自豪。”李国华说道。

李国华带领她的青年团队，勇担时代重任，矢志青春奋斗，在建设具有中国特色国际领先的能源互联网企业的伟大征程中尽展青春才华、贡献青春力量。

【延伸阅读二】

优质服务见人情　专业素质向振兴

姜海儒是国网集安市供电公司青石供电所所长，担任所长以来，他始终遵循“人民电业为人民”的服务宗旨，持续不断地开展优质服务活动。为了尽快提升服务质量，他在工作中始终为客户所想，急客户所急，视客户为亲人，对每一位客户都做到“来有迎声，问有答声，去有送声”，让客户满意而归。

2022年集安市黄柏小镇所有居民住房全部完成“煤改电”，使用电取暖。供电所与群众的联系是紧密的，在一天中午，供电所突然爆发了吵闹声，原来是客户史女士对自己电费用得太快太多而大动肝火，来到供电所大声吵闹说供电部门表计有问题。史女士的情绪特别激动，工作人员都围上去解释，但是她始终不能满意，吵着要见领导讨个公道。得知这个消息，姜海儒会同史女士马上到达现场，史女士情绪仍然是不受控的，上来对姜海儒就是一顿数落。

作为一名供电所所长，“打不还手、骂不还口”是姜海儒在工作中应具备的基本素质，姜海儒在心中告诉自己：冷静下来，不能生气是当前工作环境下必须要做到的。他知道在工作中与客户发生矛盾那是在所难免的，应该做到最大限度的容忍和克制，不管谁对谁错，与之对骂会严重损毁供电所的形象，同样也会损毁供电企业在客户心中的形象。因此姜海儒还是满脸微笑，安抚史女士的情绪，承诺马上就检查设备。在客户的见证下，姜海儒认真细心地为史女士普及计费方式，把电费收取的所有细节都一五一十地告诉对方，一项一项分析她的电费单。

作为一名供电人员，不但要吃得了苦，更要受得了气。终于，在近两个小时的解释说明后，史女士最终弄清楚了所有的收费都是合理的，对姜海儒的工作表示理解，并对姜海儒说道：“真不好意思，让你亲自来解释，浪费你半下午时间。”看到问题解决，姜海儒终于松下了一口气，心中充满说不出的欣慰，也为自己作为供电人员感到骄傲。他对史女士说：“您千万别客气，这都是我们应该做的，您不满意，我们就应该从自身找原因，及时反省自身的所作所为，并积极改正自身的缺点和不足”。

姜海儒用自己的实际行动体现了他爱岗敬业的奉献精神，岗位是平凡的，服务是火热的，生活是丰富的。英雄不一定要惊天动地，也可以在平凡中伟大，姜海儒凭借着一颗质朴、善良的心，一股火一样的热情，一种奉献执着的精神，以兢兢业业、勇于创新的作风，忘我地铺就着自己绚丽多彩的供电服务之路，谱写着如歌的奉献乐章。

第二节 专业服务 优化业务流程

“人民电业为人民”是老一辈革命家对电力事业提出的最崇高、最纯粹、最重要的指示，体现了国家电网发展的初心所在。面对社会主要矛盾变化和日益多样化的能源电力需求，国家电网有限公司始终坚持以人民为中心的发展思想，深入贯彻创新、协调、绿色、开放、共享的新发展理念，着力解决好发展不平衡不充分问题，全面履行经济责任、政治责任、社会责任，做好电力先行官，架起党群连心桥，切实做到一切为了人民、一切依靠人民、一切服务人民。

国网吉林电力坚持以客户为导向，全面构建“一口对外、流程精简、协同高效、全程管控、智能互动”的供电服务模式，进一步提高办电效率、工作质量和服务水平，简化业扩手续，优化办电流程，完善服务机制，通过办电做减法、服务做加法，将“便民惠民”的理念，深度融入广大百姓的日常生活。制定《国网吉林省电力有限公司电力营商环境优化提升工程三年行动方案》。采取压减办电环节、压减接电时间、压减办电成本“三项措施”，让“获得电力”指数稳步提升，构建“三省”（省力、省时、省钱）和“三零”（零上门、零审批、零成本）矩阵，打造卓越服务的电力营商环境。全面开展“阳光业扩”服务工作，主动适应市场、贴近客户、接受监督，大力推广“互联网+”线上办电服务，持续推进30项常用办电业务“一次都不跑”，积极构建“便利化、标准化、规范化、常态化”的“阳光业扩”服务模式。深入推进行风与优质服务规范提升专项行动，以转变工作作风、全面提升优质服务水平为重点，健全行风与优质服务工作责任体系，通过整治侵害客户利益问题，完善行风与优质服务奖惩机制，持续提升供电质量和客户体验，不断塑造新时代电力行业为民、亲民、规范服务的新形象。有效落实“走万企、解难题、送服务”助力吉林经济振兴服务行动，积极开展实地走访服务、支持重点项目建设、解决企业用电难题、助力企业智慧用能等专项行动，充分发挥电网企业在服务地方经济中的积极作用，切实扛起吉林省新一轮全面振兴“先行官”的使命担当。

“十四五”期间，国网吉林电力推动政府共同出资 100 亿元，对标福州市，实施省会城市电网建设和供电能力提升工程，促进配电网发展水平率先达到国内一流，“获得电力”指标排名持续提升，省会城市力争东北前列、国内排名指标位于中上游。

【延伸阅读一】

“只跑一次”让李大爷家装上电排灌

在“绿水青山就是金山银山”的理念早已深深根植于每个人心底的今天，清洁能源已开始被人们重视和接受。国网东辽县供电公司为鼓励用户实现“电气化”生活品质，也摸索出自己的一套“小经验”。客户们只要填写一张申请表，就可以轻松解决用电烦恼。您别小看这一张纸，它却饱含了国网人对客户满满的真挚之情。

2019 年 3 月的一天，东辽县凌云乡启富村李贵福一大早便来到了东辽县渭津镇供电所，想要详细了解电排灌的申请流程和服务内容。李贵福一推门看见一位姑娘坐在服务台后面，赶紧上前询问：“丫头你好，我问一下，我想要申请个电排灌，是在咱这里办理不?”

“是的大爷，您看这是我们申请电排灌的申请表，您只需要填写您的用户信息和地址，我们就会负责给您安排接下来的申请工作。”营业厅的小刘热情地答道。

“我看邻村的人家去年就用上电排灌了，比我们家用的柴油机排灌好多了，听说是省事还省钱。这不，今年种地前，我赶紧提前过来申请，也想早点用上电排灌!”李大爷认真地说。

听李大爷说完，小刘微笑着说：“大爷，您早点来申请就对啦。您坐这稍等，我们接下来会有专业人员和您交代一下时间安排，还会有人去到您家里，安装和检查用电线路的安全哦!”

“这么快？太好啦！”从李大爷进门不到十五分钟，小刘就已经处理好了申请流程，李大爷的兴奋和开心溢于言表。

为了真诚兑现“办业务只跑一次”的用户承诺，当天下午，供电所的工作人员就来到李大爷的家中，仔细检查了用电线路是否老化，测量线路长度并制定了相应的线路改造计划。又经过了一个多小时的检查和接线，李大爷家中的水泵在按下开关的一瞬间涌出清澈的水流，见此情景，李大爷瞬间笑开了花。

【延伸阅读二】

以卓越供电服务赋能地方经济发展

2020年7月15日，国网长春供电公司工作人员来到吉林省蓝博新能源科技有限公司回访充电站建设接电工程情况。“没想到这么快就接好了，整个办电过程我一次营业厅都没跑，网上办电真是太方便了！”蓝博新能源科技有限公司项目经理张镇岩说。

国网长春供电公司实施卓越服务工程，聚焦便民服务，深度优化营商环境，制订优化营商环境工作提升方案，并编制了“一揽子”配套方案、工作计划，不断提升供电服务品质和长春市“获得电力”水平。

减流程提质效　让办电省力省时

“我们进一步精简了流程环节、加快了接电速度，现在客户只需要提交申请，就能享受到优质的供电服务。”国网长春供电公司营销部专责赵寰宇说。

针对客户反映的办电环节多、审批慢等问题，国网长春供电公司抓住痛点对症下药，在“三零”服务基础上开展延伸服务，让客户快接电、早用电、用好电。优化接电流程，对满足接入容量的高、低压客户供电方案实行“免审批”，将普通高压客户的办电环节由4个压缩至3个，同时完善重大项目、重点企业的配套服务机制，筛选出243个重大项目和390家重点企业，建立责任单位包保制度，确保“事事有着落、件件有回应”。

国网长春供电公司积极推广网上国网App，建立线上线下相结合的运营方式，编制30项常用业务指南，并在长春市及各县级政务中心设立供电服务窗口，主动融入政府公共服务体系。为了让“三零”服务惠及更多小微企业，国网长春供电公司将农村地区低压接入标准由50千伏安提升至100千伏安，把满足条件的小微企业纳入服务范围。

国网长春供电公司还创新小微企业项目管理模式，试点开展“先建后批”业务，提出“项目按需实施、手续按月办理”。小微企业的办电申请一经受理，供电企业会优先启动外部工程建设，将接电时间从10天压缩至3天；针对大中型企业客户，实施10千伏业扩报装“三段式”管理，重新梳理环节流程、完善考核机制，把高压客户平均办电时长压缩至40天以内。

强服务惠民生　为客户降本节支

国网长春供电公司完成了长春宽城万达广场所有商户的转供电费调价工作，把各商户的综合电价由2017年的1.22元/千瓦时下调至现在的0.7006元/千瓦时。

为给客户“减负”，国网长春供电公司主动梳理长春地区转供电主体情况，配合长春市发改委、长春市市场监督管理局开展转供电费加价清理整治行动。行动中，集中监督检查长春市涉及转供电环节收费主体的收费行为，并发放价格提醒告诫书862份。

目前，国网长春供电公司已检查收费主体862家，发现违规操作主体346家，责令整改完毕271家，组织违规转供电收费主体向商户退还多收电费共计5133余万元。

为贯彻落实国家电网有限公司阶段性降低用电成本政策八项举措，国网长春供电公司多举措降电价、强服务，全力支持企业复工复产。

国网长春供电公司落实降低一般工商业电价5%政策，据测算可为长春地区企业节省用电成本3.12亿元。同时，落实并推动延长支持性两部制电价政策执行期限，保证因疫情不能正常开工、复工的企业可正常办理减容、暂停、减容恢复、暂停恢复等业务。

国网长春供电公司大客户服务中心工作人员再次走访吉林正大食品有限公司时，企业相关负责人陈聪说：“供电公司帮我们减免的电费缓解了我们很大的压力！受新冠肺炎疫情影响，正大食品资金周转困难。国网长春供电公司主动上门宣传电费减免政策，帮助企业减免电费25.67万元。吉林省龙头企业中国第一汽车集团有限公司也已减免电费2500余万元。

国网长春供电公司严格按照确定目标，将城市、农村供电可靠率分别提升到99.941%和99.810%，持续优化电力营商环境，为地方经济社会发展赋能。

增值服务　提高用户体验

2020 年 7 月 22—24 日，习近平总书记来到吉林省视察指导工作，明确要求吉林省全面深化改革，加快转变政府职能，优化营商环境，支持民营企业发展。

国网吉林电力在精简办电资料、创新服务方式、优化办电流程、缩短办电时长、降低办电成本、优化业扩配套项目管理模式、保障物资供应、工程时限实行“契约制、限时制”管理、建立健全监督考核机制等 9 个方面，制定了 34 项具体措施，全面优化营商环境。深入推进供电服务进社区、进企业、进村屯、进农田、进校园“五进”工作，从解决客户最关心、最直接、最现实的用电需求入手，实现供电服务窗口的进一步前移、服务资源的高效共享、服务内涵的深化丰富、服务效率的持续提升，有效解决服务客户“最后一公里”问题。强化客户诉求处理和问题治理，建立专业协同、会商机制，推动解决影响客户服务的关键问题，持续提升客户服务感知。

客户对服务的期待在变化，这需要打破以往的框架，在能力和成本范围内为客户提供可以为自己加分的服务项，而好的加分服务可以为客户带来惊喜，为企业发展带来机遇。这就要求广大青年员工要牢固树立为企业增光、为国家添彩、为人民服务的价值追求，积极主动地加入公司青年志愿者、共产党员服务队等团队中去，广泛开展用电宣传，大力推广“网上国网”线上办电渠道，深入进行走访调研，排查客户用电隐患，解决客户用电难题，用自己身体力行的行动，为人民提供优质超值的电力服务。

【延伸阅读一】

党员服务队　奔忙在鹤乡

炎夏七月，在素有“鹤乡”美名的吉林省白城市，众多考生正在紧张赴考。7月8日，国家电网吉林电力（白城）共产党员服务队队员乔立国在白城市第三中学考点外开展设备特巡，保障考点安全可靠供电。

党员服务队成立于2005年，现有队员310人。多年来，他们始终秉承“人民电业为人民”的企业宗旨，积极兑现服务公开承诺，以“服务零距离，满意百分百”为目标，用心开展供电服务和社会公益活动。

5月9日，随着吉林省白城市洮北区10千伏水田线向阳三队3号变台合闸送电，白城市恒博无纺布制品有限公司一次性口罩生产线应声而动，开足马力投入紧张的订单赶制工作中。

恒博无纺布制品有限公司是一家民营企业，以生产无纺袋为主营业务。疫情防控期间，他们申请了转产一次性口罩的经营许可，希望通过企业的努力，为家乡及国家缓解抗疫物资短缺尽一分力。

党员服务队在供电服务微信群中发现供电区域内有口罩加工企业后，立即组织人员上门走访，了解企业需求。走访中，队员们了解该企业之前是与另一个客户共用一个综合台区，遇到用电高峰时，供电量无法满足生产需求，急需增容改造。经现场勘查，党员服务队制订了施工方案，并联系了相关单位为恒博无纺布制品有限公司完成了综合台区施工改造，新安装200千伏安变压器及300米高压线路、200米低压线路。

“现在口罩加工量稳定了，电能又充足，下一步我还想增设一台N95生产线，以满足国家长期医疗需求。”企业负责人段淑华对未来企业发展充满信心。

近年来，国家电网吉林电力（白城）共产党员服务队结合“走万企、解难题、送服务”活动，组建“1+*N*”服务团队，为供电区域内企业提供主动上门巡访的“阳光业扩”服务，共计走访各类企业客户10万余家，梳理解决问题8000余件。

个性化服务满足夜市用电需求

白城市政府出台了复商复市、保就业促民生行动方案，在保障疫情常态化防控的基础上，推行地摊经济发展，设立了城市三处大型夜市。

国家电网吉林电力（白城）共产党员服务队针对三处夜市的经营范围，提前组织现场勘查，制订个性化供电方案，为“小地摊，大民生”提供充足电力保障。

“现在用电烤串，别提多方便了，想什么时候开火什么时候开，而且瞬间就能达到需要的温度，比明火安全，每天还能省下几十元的成本。”白城市红旗街夜市烧烤经营者张启历数着用电加工食品的好处。

“我们现场勘查后发现红旗街夜市多是以大排档经营为主，但现场供电设施不能充分满足沿线商户用电需求，所以决定采用‘桥架’电缆架设方式，这样不仅成本低效率高，还能充分保护沿线的绿化树木和客户用电安全。”负责红旗街夜市保电的党员服务队队员乔立国介绍。

此外，党员服务队还根据大排档和日杂百货等不同类别的夜市制订了差异化的保电方案，把负荷较大的客户记录在档，定期开展特巡。为保障商户安全用电，服务队还在沿线安装了电源控制箱131个，确保发生局部故障时能够第一时间切断故障点，把影响缩小到最小范围。党员服务队出动人员82人次，“桥架”电缆600余米，敷设专用电缆1500余米。

多年来，党员服务队结合白城地区经济发展特点，全面组建专项队伍，提供升级优化营商环境、保民生促发展等服务举措，以提升客户获得电力感知度为己任，创新服务机制，高效保障人民群众生产生活用电需求。

超前介入保障校园用电安全

6月初，吉林省白城市陆续公布了中小学校开学时间。

“我们在5月中旬便着手开展校园隐患排查工作，供电设施长时间闲置，极易发生返潮或绝缘老化，必须即时更换。”复学保电服务队队员李亚刚介绍说。

李亚刚所在的共产党员复学小分队共有12名队员，分成3组，利用一周时间对供电区域内15所中小学校进行排查维护。队员们重点针对学校的照明线路、变压器、表箱、开关设备等进行了安全隐患排查，对应急电源进行测试，同时对危及相关线路设备运行的树木及障碍物进行清理。

随着吉林省内疫情转为常态化防控，国家电网吉林电力（白城）共产党员服务队提前与当地教育部门沟通，针对辖区内学校的安全用电提前部署，组成12支复学保电小分队，积极与校方沟通，在提供相关防疫证明的基础上，深入校园排查供电设施安全隐患。

“我们校园用电设施已经将近6个月没有通电使用，这次有你们帮忙检查设备，我们就放心了。学校的师生都能在安全明亮的环境下复课复学了。”白城市铁路一小配电室负责人吴帅感激地说。

保电行动中，党员服务队还将《安全用电常识》《安全用电宣传画》等宣传材料张贴在学校公示栏、走廊等醒目位置，教育和引导学生节约用电、科学用电、安全用电，从而提升全体师生的安全用电意识。

成立15年来，国家电网吉林电力（白城）共产党员服务队累计开展“六走进”“电亮空巢”“脱贫攻坚”等各类服务4300余次，参与人数达10万人次，赢得了广大客户和社会各界的广泛赞誉。

优质服务 擦亮国网名片

习近平总书记在宁夏考察期间指出，要巩固提升脱贫成果，保持现有政策总体稳定，推进全面脱贫与乡村振兴战略有效衔接。

国网吉林电力围绕吉林省“农业高质高效、乡村宜居宜业、农民富裕富足”建设目标，以“乡村振兴、电力先行”的责任担当，推动农业生产、乡村产业、农民生活电气化。推广实施电能替代技术，助力打造东北粮食安全带，服务“黑土地保护”专项行动。以“卢伟农机农民专业合作社”为样板，创新推广清洁能源与电动农机协同发展、资源共享模式，选取农业合作社开展农业机械电动化改造，做行业的推动者、引领者，打造“全电气化智慧农场”“全电气化设施农业”，助力“黑土粮仓”科技攻关。

2020 年 1 月，一场突如其来的新冠肺炎疫情牵动了全国各地人民群众的心。作为关系全省国民经济命脉的国有骨干能源企业，国网吉林电力坚决落实国家电网有限公司“一个提高，六个强化”总要求，认真执行地方党委防控部署，全力以赴抗疫情、保供电、保安全。细化“战时”供电保障机制，实现 72 家定点医院和 170 家医学隔离观察点等重要用户抗疫保电“零故障”、全省 1507 万用户供电服务“不间断”。疫情防控期间实行居民欠费不停电，对困难企业实施延期交费政策，充分彰显了电网企业的责任与担当。

“知之愈明，则行之愈笃。”公司青年作为电网事业薪火相传的“接棒人”，要坚定服务初心，主动担当作为，秉承“你用电 我用心”的服务理念，以客户满意和价值提升为目标，最大限度满足客户需求，在全心全意为人民服务中赢得发展，架起服务“连心桥”，彰显国家电网有限公司守护万家灯火的责任使命。

【延伸阅读一】

一路追光，然后成为光

——记党的二十大代表张黎明

国网天津电力配电抢修班班长张黎明越来越忙了。在抢险一线、抗疫现场，站在最前面的是他；带着年轻创客搞带电机器人产业化，追着时代跑的是他；给大学生上党课、谈人生，讲述奋斗让人快乐的还是他……

不久前，张黎明带着新一代人工智能配网带电作业机器人及系列创新产品来到世界职业技术教育发展大会。这名党的二十大代表、一线技术工人靠着勤勉钻研成为“时代楷模”“改革先锋”，他的出现本身就是“奋斗改变人生”的最好诠释。

35 年来，张黎明穿着最朴素的工服，誓做守护万家灯火的“追光者”，如今他也成为别人眼中追逐的光。

守护满城灯火

在张黎明的徒弟、全国劳动模范黄旭心中，张黎明就像照亮自己奋力前行的光亮，“为人指引方向，让人充满力量”。

黄旭是年轻一代电力人的代表，从名校硕士毕业来到带电作业班，每天的工作是爬上高高的斗臂车与10千伏架空线路打交道。

黄旭第一次见到张黎明是在一场劳模宣讲会上。那时，张黎明刚获评全国劳模，“黎明出发、点亮万家”的口号，一时间成为敲击在每个电力工人心中的战鼓，鼓舞着大家向榜样学习。

张黎明的父亲是一名管道技术工。从小跟着父亲，张黎明看着一个个国家重点工程从老一辈产业工人的手中诞生。直到自己成为一名电力抢修工，父亲送给他一把扳手，告诉他：“把活儿保质保量干好，是本分。”

张黎明给自己定下目标——把简单的事情重复做、重复的事情用心做。最难最险的任务他都第一个上。一个夏夜，天津地区遭遇暴雨突袭。当时张黎明正在病房陪伴生病的父亲。紧急抢修的电话响起，父亲只对他说了一句话：“你不要陪在这了，注意安全!”那一晚，张黎明带领大伙在暴风雨中苦干近8小时，抢修任务完成已是次日凌晨1点。

张黎明擅长把平常事做得不平凡。在日常巡检中，他潜下心练就了电力抢修的“火眼金睛”和事故诊断“一手准”的绝活儿。他把多年来遇到的上万个故障分析梳理形成《急修案例库》和《抢修百宝书》分享给大家，让抢修效率成倍提升。

黄旭总觉得，张黎明身上映出很多老师傅的身影。他们默默无闻做着看似简单的工作，一到恶劣天气、危急时刻，全都守在一线，没有一个人后退。正是千万个默默守护，才成就了满城灯火。

创新永无止境

在张黎明走街串巷抢修奔走这些年，中国在各个领域都迎来了高速发展，在能源革命和数字革命双重驱动下，国家电网向智能化迈进，对一线电力工人提出了更高的要求。

张黎明的徒弟中，高学历青年越来越多，正在读博士的胡益菲是其中之一。在他看来，张黎明对创新的执着和热情，远超很多年轻人，“在一些大家熟视无睹的地方，他总能发现问题，并想办法解决问题”。

带电作业机器人项目就是在日常巡线中诞生的。带电作业的电力工人必须穿着厚厚的绝缘服，夏天刚穿上就浑身湿透，还要在10千伏高压的危险环境下长时间作业。张黎明找来几个年轻技术能手组成创新团队，决心设计自主带电作业机器人，把电力工人从繁重危险的工作中解放出来。机器人设计的技术含量很高，张黎明因此重用胡益菲这些更熟悉自动化、软件编程的年轻人，让青年的才智在大项目、大平台上尽情绽放。

一次设计机械臂自主接线的过程中，失败率总是居高不下。年轻技术人员主张换更高精度的传感器提高识别准确度，但这样就大大增加了成本。黎明师傅则用了一个非常简单的办法：在机械臂末端的作业工具上作了小调整，很快解决了大问题。“很多时候，黎明师傅的点拨一下子让我们开阔了思路。”胡益菲说，这也让他明白，创新不仅要敢想敢干，更离不开扎扎实实的实践。

“在总书记的见证下，我们的样机顺利完成了搭火作业。”时至今日，张黎明回忆起这段经历仍然激动不已。2019年1月17日，习近平总书记到滨海中关村科技园视察工作，仔细观看了配电网带电作业机器人操作演示，鼓励大家心无旁骛投入创新事业中。

此后，张黎明更一刻不懈怠地创新攻坚，持续将机器人迭代升级，目前已实现产业化，在全国20个省份推广应用，产值超过7亿元，累计代替人工作业超过1.7万次。《配网带电作业机器人导则》成功立项该领域首个IEEE国际标准，填补了配网带电作业领域国际标准的空白。

张黎明还牵头研发了国内首个乘用车领域多工位自动充电机器人，在全国首个近零碳充电站——津门湖新能源车综合服务中心实践应用。

“工作是快乐的，创新使工作更快乐。”张黎明常用自己的经历勉励更多年轻人主动创新。如今，黎明创新工作室已经成为培育创新人才的“黄埔军校”。在他的引领下，涌现出63个创新工作室、2000余名“电力创客”“蓝领创客”，迸发出巨大的青春创新动能。

老百姓的事是天大的事

哪里有困难，哪里就有张黎明。他身边很多年轻人都感慨，为老百姓排忧解难的张黎明似乎永不知疲倦。

2021年7月，河南遭遇连续暴雨，张黎明星夜兼程率队援豫抗汛，连续10天高强度不间断作战，兑现了他对河南父老乡亲许下的诺言——“电不通，我们绝不撤。”胡益菲记得，抵达郑州时是凌晨3点。清晨7点，张黎明就出现在抢修现场，带着大家逐一排查故障，一直干到深夜12点。

当地老百姓听说天津电力的张黎明来了，一直等在抢修现场。一次紧张的抢修持续到凌晨1点才结束，他心里惦记着另一个小区还没通上电：“那里住着很多高龄老人，我必须去看看。”顾不上休整，张黎明连夜奔赴现场排查。第二天一早，那个小区恢复了供电。

那一次，黄旭也带着另一支抢修队同时奋战在郑州的大街小巷。他与黎明师傅有短暂的相遇。那天已是深夜接近12点，黎明师傅累得坐在马路边，身旁满是散乱的砖块瓦砾。

看见黄旭来了，张黎明微笑了一下说：“（我）血压有点高，歇会儿。”这一幕驱散了黄旭身上的疲倦，他感慨：“黎明师傅在一线干了30多年，获得了那么多荣誉，依然在拼命。他心里装的都是老百姓的事儿。”

“有这么一个榜样在身边，你就知道自己该往哪里努力。”黄旭说。黎明精神照亮的大路正越来越宽广，路的那一端，连通的是千千万万老百姓的心。

张黎明任中共二十大代表，天津市总工会副主席、国网天津滨海供电公司运维检修部第四党支部副书记、配电抢修一班班长，荣获“全国优秀共产党员”“时代楷模”“最美奋斗者”等荣誉称号。

【延伸阅读二】

定制化扶贫接地气　贫困户增收有门路

“大家走过路过不要错过！这是梅河口市湾龙镇福安村二组的大米，颗粒饱满，口感上佳。咱们在吃上放心食品的同时，还能为贫困户献上一份爱心。”为拓宽扶贫农产品销路，解决产品滞销问题，国网通化供电公司综合服务中心党支部在该公司食堂设立了扶贫农产品展销区，号召员工用“以买代帮、以购代捐”的形式，向贫困户送去关爱。

近年来，国网吉林电力共承担着定点扶贫村2917户贫困户5786名贫困人口的帮扶和防返贫任务，以党建为统领，推动党建工作与扶贫工作深度融合，实现精准内嵌。

吉林省是农业大省，为提高吉林省中西部地区粮食生产能力，降低种植户粮食种植成本，国网吉林电力党委组织党员服务队全面改造定点扶贫村中低压电网，实施农田“井井通电”工程，促进农业生产增收。5月初，国网吉林电力党委开展为期一个半月的“服务春耕统一行动”共产党员服务队专项行动，帮助贫困户排查安全用电隐患，购买种子化肥，并开展危房改造施工等工作。

为更好地完成脱贫攻坚各项任务，国网吉林电力各级党组织采取“因地制宜、一户一策、责任到户”扶贫方式，结合扶贫“包保制”管理模式，以党员服务队、党员突击队为单元主动与供电服务区域内的贫困户对接，逐户制订脱贫方案。同时，向定点扶贫村派驻驻村工作队54个，工作队员102人，驻村第一书记13人，并与10个精准服务定点扶贫村开展党支部联创活动。联创党支部结合定点扶贫村实际情况，制订了“线上+线下”农产品推销、畜牧养殖、服务春耕春灌等10项扶贫工作举措，全力帮助贫困户脱贫。

此外，国网吉林电力党委制订了农产品消费扶贫工作月历，通过节点化管理，进一步加大在定点扶贫县的农产品采购力度；制作消费扶贫路线图、时间表，加强扶贫产品供应链建设，拓展消费扶贫新渠道；以基层党支部为单位，在供电营业厅设立扶贫农产品展销区或摆放宣传展板和宣传图册等，强化扶贫农产品宣传力度。

国网吉林电力党委还坚持扶贫和扶志扶智相结合，组织包保党员干部帮助贫困户发展庭院经济、开展药材种植、筹建烧酒厂等；聘请专家开展专业技能培训，为贫困户创业脱贫出谋划策；为10个精准服务定点扶贫村党支部建设党员活动场所，配齐学习资料，注重与种植户、党员、致富带头人和实用科技人才的沟通联系，增强党组织的凝聚力和战斗力。

为帮助贫困户脱贫增收，国网吉林电力党委主动与地方政府对接，及时了解光伏扶贫项目的需求、建设规模、建设计划和实施地点，并将接网运行不具备条件的供电设施纳入年度农村电网改造工程计划，保证光伏扶贫项目办电快、接电早、用电稳，让贫困户尽早受益。目前，该公司光伏扶贫电站所发电能实现全额消纳，电费按月结算并足额支付，让11.4万名贫困人口得到了真正的实惠。

目前，在国网吉林电力党委的助力下，2858户贫困户5661名贫困人口实现脱贫。下一步，国网吉林电力党委将完成镇赉、大安、通榆、汪清、和龙、龙井等6个国家级贫困县的农网改造施工工程，进一步改善贫困县电力基础设施，让贫困群众生产生活用电得到保障。

阅读思考

1. 在你的工作岗位上，如何提供更符合客户需求的服务？
2. 你身边的同志是如何提高客户办电效率的？由此你学到了什么？
3. 在你的工作范围内，如何走在客户需求前面，提供更多增值服务？

第四章

扎根：练就过硬本领为成长助力

“人生万事须自为，跬步江山即寥廓。”追求进步，是青年最宝贵的特质，也是党和人民最殷切的希望。新时代的广大共青团员，要做理想远大、信念坚定的模范，带头学习马克思主义理论，树立共产主义远大理想和中国特色社会主义共同理想，自觉践行社会主义核心价值观，大力弘扬爱国主义精神；要做刻苦学习、锐意创新的模范，带头立足岗位、苦练本领、创先争优，努力成为行业骨干、青年先锋；要做敢于斗争、善于斗争的模范，带头迎难而上、攻坚克难，做到不信邪、不怕鬼、骨头硬；要做艰苦奋斗、无私奉献的模范，带头站稳人民立场，脚踏实地、求真务实，吃苦在前、享受在后，甘于做一颗永不生锈的螺丝钉；要做崇德向善、严守纪律的模范，带头明大德、守公德、严私德，严格遵纪守法，严格履行团员义务。

——习近平在庆祝中国共产主义青年团成立 100 周年大会上的讲话

第一节

熟悉岗位职能　明确职业发展

当前，我国开启全面建设社会主义现代化国家新征程。进入新阶段，站在新起点，国家电网有限公司发展面临新的形势、新的任务。为推动“一体四翼”落地实施，实现建设具有中国特色国际领先的能源互联网企业的战略目标，国家电网有限公司不断优化人才培养体系，积极拓宽人才评选渠道，深入实施青年精神素养提升工程，着力构建“三问、四学、五做”工作体系，引领广大青年深刻淬炼思想、洗礼升华精神、有力锤炼作风、强力推进工作，培养和造就一批政治坚定、素质优良、理论扎实、技艺精湛的优秀人才队伍。

国网吉林电力主动融入国家电网有限公司业务运作和专业管理，紧跟国家改革部署和技术发展趋势，坚持问题导向、目标导向、结果导向，引领广大青年立足岗位建功，彰显责任担当。采用线上线下融合的培训模式，针对经营管理、技术技能等各类青年员工分众式开展培训需求调研、培训计划编制、培训方案策划、培训项目实施、培训效果评估和培训结果应用等工作，确保实现“精准”培训。积极创新培训模式，以线上和线下相结合、理论与实际相结合、主题和专题相结合为发力点，持续提升网络大学吉林电力分院培训课程质量和专业覆盖面，深化“合作共享式 + 直播互动式 + 点播菜单式 + 教练陪伴式”的培训新模式，优化学员培训体验，提高培训效率。

国网吉林电力不断加强对青年员工的培养和锻炼，在帮助青年员工提升精神素养和业务能力的同时，不断拓宽青年员工的职业发展通道，为他们提供更为广阔的职业发展空间。出台青年员工积分管理办法，建立健全青年员工成长积分制管理体系，客观记录和科学评价青年员工成长情况，帮助青年员工做好职业生涯管理，激发和引导其主动提升素质能力和工作业绩，为“想干事、能干事、干成事”的员工提供更广阔的平台，为国网吉林电力科学选拔优秀青年人才提供依据。

青年员工成长积分体系主要包括“基本素质”和“工作业绩”两方面内容。基本素质主要包括学历学位、专业技术资格、职业技能等级和执业资格等 4 个方面内容。工作业绩主要包括履职绩效、工作经验、创新革新、制度标准、学术成果、培训开发、个人荣誉等 7 个方面内容。各单位每年依据青年员工专业类别、工作岗位、入企时间、积分内容等维度，对员工积分情况进行排序和分析，深化分析结果在员工培养和人才选拔中的应用，营造“比学赶帮超”的良好氛围，不断提升青年精神素养提升工程的辐射力、感召力。

调整自身心态　快速适应工作

广大青年员工走出校园进入企业，就迎来了从学生角色到职业角色的转换，意味着从“要”到“给”的转变，换言之就是从“索取”到“贡献”的转变。自身承担的责任，面对的人群和环境都将与以往不同，这就要求广大青年员工要主动调整心态，以更积极的态度投入工作中。

国网吉林电力高度重视青年工作，将青年工作作为党的建设重要组成部分，把青年人才作为国家电网有限公司基业长青的坚强保障。优化完善高校毕业生招聘策略，科学分析各单位用工需求，实施精准补员，将优秀人才配置到用工最紧缺岗位上。实施“星火”青年人才培养工程，对优秀青年人才做到及早发现、重点扶持、精准滴灌、靶向培养，早压担子、早锻炼、早成长。举办“青马工程”培训，充分发挥为党育人功能。制定青年发展行动计划，创新提出“五善”行动，即：“善信”“善学”“善作”“善举”“善成”，以引导青年争做“五善”好青年为目标，科学编制国网吉林电力青年发展行动计划，为促进青年成长明确任务书，绘出路线图。落细落实思想引领、组织加压、成长帮扶、推优荐才、建功展示五项跟踪管理措施，滚动修编团员青年成长档案 1365 份。创新开展青年成长积分管理，客观评价团员青年成长状况，精准实施成长帮扶，得到国家电网有限公司团委好评。奋力提升“推优入党”“推优荐才”工作质效。

各单位通过编制《新员工入职宝典》、召开新员工见面会，帮助新员工快速实现“校园人”向“企业人”的角色转变；通过签订《师徒协议》、举办“导师带徒”技能竞赛、实施新员工岗位轮训、建立青年成长写实卡等，加快青年角色转换、岗位认知和成长进步，营造崇尚学习、比学赶超的良好成长氛围；通过下发《青年员工职业生涯管理工作指引》，实施“两助双培”青年培养机制，建立青年职业成长精准评估体系、青年人才储备库应用等，实现人力资源部门与团组织联动，从而加强青年管理能力的综合锻炼和管理技能、业务技能的双向培养。

履行岗位职责　投入工作热忱

鲁迅先生说，青年“所多的是生力，遇见深林，可以辟成平地的，遇见旷野，可以栽种树木的，遇见沙漠，可以开掘井泉的”。青年是最富生命力、最有创造力的群体，是国家的明天、民族的未来。勇立时代潮头、争做时代先锋，这是对青年的殷切期望，更是青年自身成长、实现价值的必由之路。

推动战略目标落实落地，强化青年精神素养提升工程落地见效，为广大青年施展才华抱负、实现人生价值提供了干事创业的广阔舞台，迫切需要广大青年树立战略自信，强化战略认同，积极主动投身战略实践，展望未来更精彩。

对广大青年员工而言，岗位成才、人生出彩是一个持续的过程，从“能做”到“精通”有着长长的一段路要走。对于每一个人而言，想要成为工作领域的精英，需要几年甚至几十年的努力和坚持，需要的是耐得住寂寞和脚踏实地。广大青年员工要紧密结合岗位职责和工作实际，把宏伟的战略目标落细落小落实到具体行动上，充分发扬钉钉子精神，爱岗敬业、履职尽责。要以时不我待、只争朝夕的紧迫感和当仁不让、舍我其谁的责任感，全力投入安全生产、电网建设、优质服务、科技创新、提质增效等重点任务，争做建功立业的排头兵。

【延伸阅读一】

扎根基层的“泥腿子”大学生

他是荣子超，1987 年出生。15 岁那年，因为一次电磁感应实验，他对“电”产生了浓厚的兴趣，后来考入东北电力大学。2009 年，他大学毕业后进入国网梨树县供电公司工作，在梨树镇供电所当电工。他曾经有过一段兼职县公司线损专责的经历，并被推荐到国网四平供电公司机关挂职锻炼。

在机关里，他是穿西装、拎着笔记本电脑、坐在空调办公室的白领工程师；在供电所，他是一身工作服、腰扎安全带、肩背工具兜、爬山、蹚河、钻庄稼地的“泥腿子”电工。在农民眼里，他是工作在村里的城里人；亲戚朋友眼里，他是生活在城里的乡下人。但是，他最终还是选择了回到供电所工作。

他选择的不只是一个职业，更是一条道路。别人的不理解，源自内心追求的价值不一样，这条路走的人少，但是更宽广、更深远。

参加工作之初，他跟着用电检查员老师傅一起工作。专业院校毕业的他，虽说无数次在试卷中正确绘制出各种表计的原理接线图，但实际上手操作还真是有些懵。有一次，老师傅让他对有功表计和无功表计进行联合结线，在学校根本没学过，无从下手。遇到这样的问题，老师傅总是说：“连这么小的活儿都干不明白，还大学生呢!”顿时他觉得自己愧对大学生这个光环。从那以后，他就放下架子钻研业务，到用电现场学习电能表结线和接入方式、互感器的正确配比和校验，拽着老师傅求教，在获评中级工程师职称的同时也取得了用电监察员技师的资格。终于，他在师傅眼里再不是那个眼高手低的大学生了。

如果说老师傅的“当头棒喝”帮他实现了从理论到实际的“正向切换”，那么后来的一场自然灾害让他完成了从华丽到质朴的“逆向转身”。

他在参加工作5年后被任命为供电所副所长，按照刚出校门时的想法，成了领导以后就脱离劳动了，衣着光鲜“倍儿有面子”！可是想象和现实间却有着巨大的违和感。2015年5月31日，一场百年一遇的风灾席卷了梨树县城。在气象台发布大风蓝色预警后，他接到指令第一时间赶到所里，组织全体人员待命。傍晚时分，大风越刮越猛，供电所辖区内136个台区跳闸，11000多个客户停电，电线杆折断、变压器台倒塌等险情频频传来，电话被“打爆”的同时，他觉得脑袋也要爆了。原来，他的“领导”范围是那么大，他的“领导”责任是那么重。接下来三天两夜的抢修经历就像“上战场”，眼睛熬红了，嗓子喊哑了，浑身酸痛腿脚抽筋，抢修时还提心吊胆担心发生安全事故。当所有的线路都恢复了送电，看到万家灯火中客户们的笑脸时，他突然觉得，原来客户才是领导，听到他们的感谢，他就像是被领导表扬，感觉“倍儿有面子”。

他的辛勤和汗水也收获了丰硕的成果，先后荣获国网吉林电力优秀共产党员、省公司先进工作者、四平市劳动模范、四平青年五四奖章、四平好人、吉林省优秀志愿者、吉林好青年等多项荣誉称号。2017 年，他当选四平市好青年时，单位领导、家人都被邀请到颁奖典礼现场，都以他为荣。

走在乡亲们中间，如果看到困难在眼前，他无法做到视而不见，这种可以做到的责任感和做到之后的成就感是触碰心灵的。

他工作的梨树镇供电所，辖区耕地面积 8575 公顷，有客户 12238 户，其中 263 户是没有劳动力的。霍家 10 社腾大爷家春耕需要帮工；北下家 3 社许大哥妻子患有癌症，儿子刚考上大学，需要资助……这些他在抄表收费、用电维护中都看在了眼里，把贫困乡亲们的情况和诉求都一一写在工作记事本上。为此，他成为“梨树爱心快递联盟”志愿服务组织的首批爱心成员。联盟发起了“圆梦学子”助学计划，他和爱心成员们共同资助了 6 名贫困学生，为其送去助学资金、衣物，解决学杂费和伙食费。他们还发起“家有儿女”暖心行动，为 14 家敬老院检修用电设施，为孤寡老人包饺子、做家务、体检、理发，为五保户、困难户老人捐款、送米面油、办年货。可同时，他依然觉得有心无力，怎样才能帮到更多的人？党的十八大以来，国家加大政策扶贫和产业扶贫的力度，这让他意识到，他应该在工作领域尽可能地为乡亲们提供最好的服务，让优质服务转化为经济效益。

一个下雪的周日早上，他接到了泉眼沟村二社种植用电户季亚珍的电话，因为预付费电能表显示余额不足，她的 10 多个蔬菜暖棚马上就要断电，在当时的低温环境里，蔬菜挺不过一天就都得冻死。他从市区的家里急忙赶往 15 千米外的供电所为她续费供电，因为冰雪路滑求了好几辆出租车才有司机送他，直到停电预警解除，他和季大姐心里的石头才放下。

梨树县八里庙村推出致富项目“开心农场”，需要架设供水用电线路。村长找到他时正值中午，他放下饭碗顶着火辣辣的太阳来到地头勘测，

6个小时就组织完成了线路的架设，“开心农场”当晚就投入运营。

在帮助客户的同时，他也得到了成长和进步。在田间地头的奔忙中，当初的大学生走出了书本，变成了“泥腿子”，当上了供电所所长。从这个过程中他认识到，供电企业和用电客户是相互塑造的，企业因客户而存在，客户因企业而改善。优质服务也重新塑造了他的心灵，给了他工作中乐此不疲的理由。

在他的眼里，欠发达的乡村是一片电力“蓝海”，这里的电力线路走街串巷，还穿山越岭，这里的建设和发展还方兴未艾，这里天地广阔大有可为。

供电所是企业与客户之间的一座桥梁，是客户获得、使用和感知供电服务最直接的渠道，是国家电网有限公司品牌形象的最直接塑造者。近些年，经过大规模升级改造，更换智能电表，农村电网和他刚参加工作时相比，基本上就是新建一样。现在的“全能型”供电所，先进设备上马的同时，也需要先进的经营理念、先进的管理举措相配套，虽然还叫“农电工”，干的活儿已经不是“土老帽”。

今年年初，组织任命他到叶赫镇供电所当所长，按照国家电网有限公司建设“具有中国特色国际领先的能源互联网企业”的部署，供电所制定了“在田野山村开辟智能服务”的工作思路，从“开辟线上办电渠道、培养客户用电消费新理念、开展需求侧信息智能管理”这三个方面入手进行农村用电管理的升级迭代。他们开始线上办理“光伏发电”和“电地热”等业务，在农民中推广“掌上电力”“电E宝”“网上国网”“国网金服”等智能服务。此外，还通过大数据平台分析指导客户的增容改造和峰谷用电，一切工作都正在变得科学和高效。

他们畅想着，借着建设“能源互联网”的契机，依托政府的“中国叶赫”旅游产业，尽快把叶赫供电所打造为安全、可靠、经济、绿色、智能的中国“最美供电所”。

当上了供电所所长，他觉得自己依然是一个“泥腿子”，脚上不沾泥工作就不接地气，建设智能电网、能源互联网，服务的还是老百姓的生产和生活，工作干好了，百姓的日子就会更好……

【延伸阅读二】

电网“勤奋哥”的别样青春

2000年9月，赵亮从长春电力工业学校毕业，分配到了国网吉林供电公司。这个身高一米九零，虎背熊腰的蒙古族小伙，在入企22年间，一直勤奋学习，刻苦钻研，从一名调度员成长为一名电网运行专业优秀管理人才，默默坚守在电网调度战线上，用忘我的敬业精神、满腔的工作热忱、燃烧的青春岁月照亮了电网，也照亮了自己的人生。

赵亮总是说“生活是平等的，它给予你苦难的同时，也打包给了你勇敢与坚强，把青春二字的上部蒙去，是日月，日月为明。也就是说，只要有青春，就有光明，只要付出，总会有回报。”他将来自生活的压力化成了勤奋工作的动力，22年如一日照顾父母，他坚持不懈地学习，积累学习笔记，足足3万多字；他熟练掌握短路计算、潮流分析、系统补偿整定等各项工作，已经成了国网吉林供电公司调度专业的中坚力量。

多年来赵亮先后被评为吉林省“自学成才先进个人”、国网吉林电力“调度运行技术能手”、国网吉林供电公司“优秀共产党员标兵”、国网吉林工匠、吉林市“江城工匠”“吉林青年工匠提名人选”等，他孝老爱亲的事迹在国网吉林供电公司广为传颂，他也被评为2019年吉林市“江城好人”。

三种武器　快速成长

刚工作时，在这个以大学生为主体的队伍里，作为一名技校生的赵亮有一点自卑，也感受到了不小的压力，但正是这种自卑和压力让他暗下决心，要用自己的勤奋和努力尽快缩小来自起点的差距，早日为吉林地区电网安全尽上自己的一分力量。赵亮现在还记得他师父说的那句话：“要想成长，一定做到‘三勤’，那就是眼勤、嘴勤、手勤。”眼勤就是多观察，收集工作信息和先进方法，嘴勤就是要把自己归纳总结的疑点和困惑及时向老师傅们请教，至于手勤，则是要把所获得的知识写到本上，便于日后强化巩固。正是有了这三种“武器”，他用了三个月的时间就顺利通过上岗考试。

十年磨剑　初露峥嵘

调度的安全运行天数依旧在跳动，赵亮也从调度员成长为具有丰富工作经验和扎实理论基础的调度长，并经历了9000天的隆重与10000天的辉煌，那些所有看起来死板、教条、不近人情的规定都是几代调度人为电网安全倾注的无限心血。为了最大程度地发挥自己的能力，他参与了《吉林地区电网年度运行方式》《吉林地区电网调控运行规程》等电网技术、管理资料的编制，并在抗洪抢险、吉林热电厂66千伏母线全停等电网重大系统事故、异常处理中，凭借着冷静的分析、准确的判断，第一时间为停电区域恢复送电，多次受到省、市公司领导表扬。

引领创新　降损提效

赵亮迄今为止都为自己能够来到调度工作而感到庆幸，这里有一群为提高电网管理水平而不懈追求的人，2005年，一句“背下来，调度没有照着念的”，让他与QC结下了不解之缘。赵亮知道这绝对不是鹦鹉学舌把报告背下来就可以，只有知其然、并且知其所以然才能把整个成果的来龙去脉表述清楚，他唯一能做的只有抓紧时间，从基础认知开始，庖丁解牛般地学习、再学习。带着嘱托、承载着荣耀，2006年3月，他第一次站在了QC成果发布会的舞台，并代表省公司参加了水电质协发布会，把全国优秀质量管理小组的证书如愿以偿地带了回来。也就是从这一年开始，赵亮所在的QC小组先后就“提高吉林地区功率因数合格率”“缩短反事故演习故障研判时间”“提高吉林地区10千伏母线电压合格率”等课题开展攻关，累计为国网吉林供电公司创造直接经济效益200余万元，小组也先后六次获得国家优秀QC成果奖。

根植一线实践　快速提升能力

青年是人生成长的重要时期，也是苦练本领、增长才干的黄金时期。就像水稻的生长分由苗而秀、由秀而实等几个阶段，人生的成长也有不同的时期，而青春恰如植物之“秀”——抽穗扬花的阶段，这一阶段能吸收多少养分，也决定着以后所结出的“实”的大小。习近平总书记曾以自己年轻时在农村插队的经历，激励广大青年求真学问，练真本领，他说，“我到农村插队后，给自己定了一个座右铭，先从修身开始。一物不知，深以为耻，便求知若渴。上山放羊，我揣着书，把羊拴到山坡上，就开始看书。锄地到田头，开始休息一会儿时，我就拿出新华字典记一个字的多种含义，一点一滴积累。我并不觉得农村 7 年时光被荒废了，很多知识的基础是那时候打下来的。”抓住青春年华，下一番苦功夫，练好“内功”，才能蓄满青春能量，走好人生之路。

国网吉林电力通过生产一线岗位给青年员工提供多样化的实践机会，帮助青年员工实现快速发展与成长，各单位在岗位竞聘中也非常注重员工的一线实践经验，规定青年员工要在一线岗位工作一定年限后才能参与管理岗位竞聘。基层一线是与人民群众距离最近的地方，有着最新鲜的探索、最真切的呼声、最深沉的感情，青年员工要想在职业上获得快速发展，在本专业领域取得更高的成就和建树，就要经常自醒自勉，同先辈比、同习近平总书记对新时代中国青年的期望和时代与企业发展要求比，我们还有哪些努力方向和未达成的目标，扎根一线、为之奋斗，积累实践经验，以拼搏的汗水浇灌梦想开出花朵。

【延伸阅读】

青春奋斗正当时

2016 年 7 月，王贺从重庆大学电气工程学院毕业之后回到家乡，成为国网吉林培训中心的一名青年培训教师。如今，她已经从初出茅庐的“小萌新”，逐渐成长为可以独立承担培训任务的“小能手”。

积极投身培训

入职以来，她一直在培训工作上兢兢业业，曾参与过多次送培训下基层，全能型供电所培训一个月内辗转 9 个县市，并同时根据学员需求完成了口袋书的编制，得到了领导和学员的一致好评。与国网桦甸市供电公司开展支部联创活动，将先进设备和技术带到现场为生产单位查找电缆故障一处，化解了基层运维人员的燃眉之急。

2020 年 4 月，受疫情影响无法开展线下技能培训，她与培训室的同事一起创新工作方式，尝试开展了线上技能直播培训。为了达到理想效果，他们进行了为期两周的周密准备，授课形式的研讨、场地的选择、直播软件的应用……每一个问题都与以往的培训不同，都是一次从零开始的探索，虽然是业余做直播工作，但所有人对这次新的培训方式的探索充满了热情和干劲儿，他们在室外的实操场地不断进行设备调试和实操演练，力争达到最好的效果。直播当天，天气寒冷下起了雪，她穿着单薄的工装在镜头前和省内各地学员说出了“大家好，这里是国网吉林培训中心”的问候语，开始了第一次的直播培训。直播结束时，他们通过无人机携带摄像设备向全省的学员全景展示了培训场地。这次直播培训收到了学员和领导热烈的反馈，是对培训工作最大的认可。

勇于担当作为

随着对培训工作的不断认识，她渐渐爱上了自己的工作岗位。她想成为一名优秀的企业培训师，参与竞赛是提升能力非常有效的手段，而她参与的竞赛总是伴随着自己的人生大事。

2019年初，她接到了参加中电联青年教师技能竞赛集训通知，可是她的婚期和竞赛日期仅仅相差15天，最终在领导的鼓励和家人的支持下，她全身心投入竞赛准备过程当中。在集训的三个多月时间里，她没有时间准备自己的婚礼，仅仅请了两天半假期。在婚礼上她向爱人表达自己的感谢，看到爱人作为一个大男人流下了泪水，她的内心充满了愧疚和感激。但是她觉得走入集训队的那一天起，她代表的就不仅仅是个人，婚礼结束之后第二天她就又投入竞赛准备的过程当中。功夫不负有心人，最终她获得了个人三等奖的成绩，同时她与队友一起为国网吉林电力赢得了团体二等奖的好成绩。

2021年9月，在她刚得知自己孕育了一个小宝宝时，收到了进入吉林省第一届职工职业技能大赛无人机应用技术赛项决赛的通知，虽然准备期间孕反严重，她还是坚持参加训练完成了比赛，并获得了"吉林省国土地质产业无人机应用技术优秀技能人才"称号。

作为一名青年教师，在参与竞赛的过程当中，她学会了敢于有梦，勇于追梦，勤于圆梦。

创新践行使命

自2017年以来，她积极投身QC等各类创新活动。工作之余，她立足岗位，解决生产、培训中的难题，进行各类课题的研究。由她主笔的QC成果从国网吉林电力的二等奖到一等奖，从水利水电行业质协的二等奖到水利水电行业水职协的一等奖，最终在2022年获得了国家电网有限公司三等奖。QC的足迹是一步一个脚印，创新的工作也是一点一滴，她参与的《基于县域公司配网不停电作业的工作效率与作业安全技术研究应用》项目获得2019年省公司科技进步奖三等奖。正是这一次次的科技创新活动推动她在专业方面不断进步，为做好企业人才培训服务打下基础。

有一首歌中这样唱到："每个梦都像任意门，往不同世界，而你的故事，现在正是起点……"入职以来，她一直在努力践行着自己的优秀企业培训师之梦。她想对每一位进入工作岗位的公司青年说："我们每个人都应该立足自己的岗位，不忘初心，坚守梦想，只有奋斗的青春才是生命中最熠熠闪光的荣耀，而我们的青春梦都正在启航!"

第五节

主动迎接挑战　磨砺自身意志

路是走出来的，事业是干出来的，成功是奋斗出来的，在攻坚克难中创造业绩的青春岁月，终将成为人生的财富，汇成时代的精彩。

当今世界正面临着百年未有之大变局，国际经济与政治进入大调整、大变革时期。中美贸易摩擦、新冠肺炎疫情等事件搅动全球局势变化，“逆全球化”、保护主义抬头，地缘政治问题更加突出，影响全球经济的不确定因素明显增多，但是和平、发展、合作、共赢的时代潮流没有变，中国日益走近世界舞台中央的趋势没有变。目前，国家电网有限公司已建成全球规模最大的电力专用通信网、央企领先的一体化集团级信息系统，创新电力大数据应用，在服务政府决策、社会治理，支撑疫情防控和复工复产、环保监测、服务小微企业授信方面等发挥了重要作用，受到政府与社会好评。国家电网有限公司坚持“一体四翼”发展布局，聚焦主责主业，科学布局业务发展，坚持“五个不动摇”，做到“四个统筹好”，努力当好产业链链长，带动上下游企业共同发展。

生逢盛世，何其幸运，广大青年员工作为国家电网有限公司创新发展的新鲜血液，更要践行迎难而上、奋勇争先的精神，青春能有几回搏，此时不搏何时搏！作为新时代国网青年，我们要有“千磨万击还坚劲”的志气和勇气，积极迎接一线工作中可能遇到的挑战和困难，勇于担当，敢于攻克，在一线岗位多实践，多学习，多积累，迅速成长为堪当大任的一流人才。

2020年，在抗击疫情的斗争中，以“90后”为代表的青年一代挺身而出、冲锋在前，为新时代的青年人树立了榜样。当前，面临决胜全面建成小康社会和决战脱贫攻坚的重大任务，站在“两个一百年”奋斗目标的历史交汇点，广大青年要敢于担当、主动作为，义无反顾扛起应尽的职责，用汗水浇灌收获，以实干笃定前行，唱响奋斗无悔的青春之歌。

【延伸阅读】

勇于迎接挑战　不负青春韶华

李洋，2013年入企，是国网东辽县供电公司营销战线上的一名业务受理员。1991年出生的他是家里的独生子，很少吃苦，在家里有着安逸稳定的生活。2017年初，他在公司主页看到了关于选拔员工前往新疆巴州若羌县开展东西帮扶工作的通知，经过慎重的考虑，李洋报名参加了选拔。经过国网辽源供电公司的测评及体检，最终确定由他参加2017—2018年国家电网有限公司东西帮扶。

李洋在新疆的工作地点是巴州若羌县——人称华夏第一县，行政面积20.23万平方千米，植被覆盖率仅为6.27%，年平均降水量28.5毫米，年平均蒸发量2920.2毫米，拥有着传说中的被风沙掩埋的楼兰古城、干涸的地球之肾罗布泊。

初来乍到

刚到新疆的时候他很不适应，当地六七点钟天才亮，十点钟天才黑，工作时间、作息时间、生活节奏、生活习惯和家乡完全不同，每天早晨9点半开始工作，每天晚上7点半才下班，周末还要半数人员在岗工作。

2017年6月的一天，其他地方已经是酷暑难熬，可在平均海拔3500米的依吞布拉克镇却迎来了一场大风雪天气，他们管辖的10千伏棉东线出现故障，线路从杆顶绝缘子、横担到电杆全部被冰雪包裹。按照以往的工作经验，他建议所长应该等雪小了再去，这样更安全。而所长却急着说："你不干，我们去的吗。怕苦怕累你就在供电所休息的吗。用户在那着急等着用电的，就是干得再慢，我们也要把电送上。"于是他便硬着头皮跟着去了。线路成功送电后，所长细心对他说："阿达西（朋友），我为我刚才的态度向你道歉，我知道你是为了大家的安全考虑。我这个人对待工作就是这样的，你看我们供电所的口号，海拔高，工作标准更要高；氧气少，责任意识不能少；环境苦，供电服务不怕苦。虽然我们地处偏远，自然条件恶劣，但是我们对自身的要求从未降低。"听了所长的话他深受感动，也被所长这种认真敬业的工作态度所折服，就这样他主动与所长结成了民族亲戚。每逢节假日，他就到所长家做客，主动融入他们的生活，还为亲戚的孩子们送上“四大名著”等书籍，希望他们未来可以学好中华民族传统文化，成为国家的栋梁之材。

渐入佳境

每当遇到大风沙尘天气，员工都会主动集合在办公室，准备应急抢修等工作。这个时候他都是作为留守人员在公司等候，经过两次大风沙尘天气后，他便私下里问同事让他在公司留守的原因，原来是经理觉得他来这里是开展技术工作的，为了对他的身体负责，辛苦的异常天气巡视工作就不让他参加。了解到缘由后，李洋便主动找到经理提出参加外出工作的申请，在他的一再坚持下，经理终于同意了申请，并再三嘱咐他安全第一。就这样，李洋加入了公司应急队伍。每当遇到沙尘天气，李洋便和大家一同去清理供电线路附近的搭挂异物，检查设备线夹有无松动脱落、导线有无松股、断线等情况，全面实时掌握线路在恶劣天气下的运行情况。2018 年 3 月的一天，气象台发出沙尘暴红色预警，为了保证配网线路的可靠供电，公司对城区所有的配网线路逐条进行巡视，完成工作后已经是凌晨 2 点多了。回到公司后发现鼻子里、嘴里、头上都是沙土，没有人说苦叫累。电网运行恢复正常，每个人的脸上都洋溢着笑容。

通过调研，他发现公司的电费结零日期有很大的提升空间，他觉得可以更好更快地回收电费结零，而老员工们却觉得收回来就行，对时间节点的把控并没有严格要求。“年少气盛”的他便尝试着去改变他们的工作方式，不断与老员工们沟通，试图让他们理解电费提前结零的好处。慢慢地，越来越多的同事意识到了这项工作的重要性，他们围绕优化电费结零工作组建了创新团队。大家一起利用休息时间分析探讨和总结，经过了一段时间的摸索实践，最终在大家的共同努力下，将电费结零日期从每个月的 28—30 日提前到了 23—25 日，并获得了国网新疆电力的管理创新成果。从吉林到新疆，跨越 4000 多千米，在与新疆的同志们共同生活和奋战的日子里，他们成了战友、成了兄弟。

薪火相传

薪火传承八方相援，挥洒才华朝霞似锦。经历是一种财富，他珍惜在新疆的时光，在这里丰富了知识、开阔了视野、增长了阅历，新疆也给了他成长中无法抹去的足迹，这也是他一生中最值得回味、最难以忘却的经历。同时，这份经历也不断激励他立足于本职岗位，设身处地多为用户着想，换位思考多给同事空间。

2020年春节，一场突如其来的新冠肺炎疫情打乱了所有人的工作生活节奏，除特殊部门及保供企业外，全社会陷入静态管控中。部门中家远的同事全部处于隔离状态，他勇于担当，义无反顾地承担起班组的全部工作，逐户为非抗疫客户打电话通知公司最新的电价政策，告知客户暂停时间可以小于15天，按天数减收基本电费，通过网上国网为客户办理暂停业务，减少客户电费支出，降低客户生产成本，获得了客户的高度评价。

在服务客户的一线工作中，他总是能急客户所急，想客户所想。辽源均胜汽车电子有限公司是上市公司均胜电子子公司，是辽源市重点发展的企业。在日常工作中，他发现客户负荷较为平稳，变压器实际需用率并不高。他主动作为，前往客户生产车间进行沟通，建议将基本电费计收方式由容量计收更改为按实际最大需量计收。客户说："真是太感谢你们了，我们正发愁生产成本较高，无法提升利润率呢，你们真是我们的及时雨啊！"调整半年后，客户带着一份写有"专业服务，助企减负"的锦旗来到了公司，客户表示调整后基本电费减少50%以上，为企业提升了效益。

不管遇到多大的困难，李洋都会告诉自己要奋勇拼搏向前，迎难而上。现在作为一名班长，一个"老师傅"，他也在不断教导国网辽源供电公司的"新鲜血液们"，鼓励他们在一线岗位上多实践，多学习，多积累，多创新，积极面对工作生活中存在的困难与挑战，早日成为可堪大任的工作能手。

阅读思考

1. 你清楚你的岗位职责吗？你将怎样履行自己的岗位责任？
2. 你将如何在一线岗位实践中积累经验，提升自己的价值？
3. 你将如何围绕基层工作做好成长规划，提升自己的能力？

第五章

聚力：

勇于砥砺奋斗为企业添彩

奋斗是青春最亮丽的底色，行动是青年最有效的磨砺。有责任有担当，青春才会闪光。青年是常为新的，最具创新热情，最具创新动力。党和人民事业发展离不开一代又一代有志青年的拼搏奉献。只有当青春同党和人民事业高度契合时，青春的光谱才会更广阔，青春的能量才能充分迸发。青年是社会中最有生气、最有闯劲、最少保守思想的群体，蕴含着改造客观世界、推动社会进步的无穷力量。

——习近平在庆祝中国共产主义青年团成立 100 周年大会上的讲话

第一节 保供转型，踔厉奋发的志气

“志，气之帅也；气，体之充也。”志引导气，气引导力，心志所向，气力所趋。志气，是一个人一生的奋斗之基和力量之源。一个有志气的人，才是真正一往无前的人。毛泽东年轻时就有“问苍茫大地，谁主沉浮”的鸿鹄之志，从而投身革命推翻压迫中国人民的三座大山；周恩来少年时就有“为中华之崛起而读书”的远大志向，从而一生力行为中华崛起而奋斗。老一辈无产阶级革命家以共产主义的崇高信仰和革命理想高于天的理想信念，为了实现中华民族伟大复兴，不怕牺牲、矢志不移，前赴后继、顽强奋斗，把贫穷落后的旧中国变成了日益繁荣富强的新中国。特别是党的十八大以来，我们解决了许多长期想解决而没有解决的难题，办成了许多过去想办而没有办成的大事，推动党和国家事业发生了历史性变革和取得了历史性成就，中国特色社会主义进入了新时代，中华民族迎来了从站起来、富起来到强起来的伟大飞跃，迎来了实现中华民族伟大复兴的光明前景。

一代人有一代人的使命，一代人有一代人的担当。实现中华民族伟大复兴是一场接力跑，这场接力赛，青年是生力军，更是不远将来的主力军。党的二十大已经描绘了中国式现代化的宏伟蓝图，作出了新时代中国特色社会主义发展的战略安排，新时代的中国青年接过实现中华民族伟大复兴的接力棒，义不容辞、责无旁贷。立复兴之志，聚复兴之气，铸复兴之力，一棒接着一棒跑，一茬接着一茬干，中华民族伟大复兴的中国梦终将在一代代青年的接力奋斗中变为现实。

针对能源电力发展，习近平总书记提出了“四个革命、一个合作”能源安全新战略，强调电力是经济社会发展“先行官”，要求稳步推进国内能源互联网建设，抢占全球能源互联网建设的制高点，以清洁和绿色方式满足电力需求。党的二十大擘画了全面建成社会主义现代化强国、以中国式现代化全面推进中华民族伟大复兴的宏伟蓝图，明确了新时代新征程党和国家事业发展的目标任务。强调要积极稳妥推进“碳达峰、碳中和”，立足我国能源资源禀赋，坚持先立后破，有计划分步骤实施“碳达峰”行动，深入推进能源革命，加强煤炭清洁高效利用，加快规划建设新型能源体系，积极参与应对气候变化全球治理。

能源电力加速转型，机遇与挑战交织。当前，我国已成为全球新能源装机规模最大、电气化水平提升最快的国家，未来能源转型进程将持续深化。新能源大规模并网和新型用能设施大量接入，优化了能源结构，同时也加大了电网安全稳定运行的难度。这就要求国家电网有限公司把握大势，顺势而为，以变应变，趋利避害，把握发展主动权。

保供转型，必须要传承“人民电业为人民”的企业宗旨，必须要展现作为“大国重器”和“顶梁柱”的责任担当。必须坚持继承发展、守正创新，主动求变、以变应变，全力以赴转型发展、提质增效，着力补短板、强弱项、扩优势，弘扬“努力超越、追求卓越”企业精神，不断向更高水平、更高目标奋进。这是国家电网有限公司为党尽责、服务大局的应有之举，也是国家电网有限公司实现高质量发展、建成百年老店的必由之路。

国网吉林电力要准确把握在中国式现代化中的新方位，深刻领会高质量发展对公司提出的新要求，在保障电力安全可靠供应、推动能源清洁低碳转型中担当作为，走中国式现代化电力发展之路，走“一体四翼”高质量发展之路。这是公司服务以中国式现代化全面推进中华民族伟大复兴的政治自觉、思想自觉、行动自觉，全力以赴为奋力实现“五新吉电”崭新愿景，在加快建设具有中国特色国际领先的能源互联网企业、服务吉林振兴率先取得新突破中作出积极贡献。

【延伸阅读】

绿色转型　风光正好

2022 年 11 月 24 日下午，出租车司机李明成来到延边州敦化市银龙广场体验该地区即将投运的第二座充换电站。“新能源汽车省钱又环保。现在敦化市有了两座充换电站，我们换电池更方便省事儿了。”不到3分钟，李明成便完成换电，驾驶出租车驶离换电站。

2022年，国网延边供电公司依托区位优势和地区资源优势，统筹电力保供和能源转型，推动新型电力系统建设，加速落地各类应用场景，全力服务新能源发电并网，让电网运行更加智慧高效，助力全社会绿色低碳用能。

精准布局　让充电更便捷

2022年以来，吉林省政府加速实施“旗E春城、旗动吉林”项目，加大新能源汽车推广力度。国网延边供电公司第一时间响应政府号召，全力推动延边州充换电站网络化智能化建设，助力绿色出行。

“在高铁站周边广场建设充换电站，能够解决主城区核心商圈土地资源受限导致的充换电难问题。”国网延边供电公司敦化市供电中心配电专工郑洋说。

针对新能源汽车长途行驶的“里程焦虑”和“充电困境”，国网延边供电公司提早谋划高速公路换电站布局。目前，珲乌高速敦化服务区630千瓦充电站已于2022年11月17日完成现场送电，预计2023年年初正式投入使用。

"党的二十大报告指出，推动能源清洁低碳高效利用，推进工业、建筑、交通等领域清洁低碳转型。我们更加坚定了促进能源清洁低碳转型的决心。"国网延边供电公司市场拓展及能效、综合能源项目与智能用电管理李旺洋说，"今年，我们提前布局边疆特色充换电基础设施建设，提升充电保障能力和新能源汽车车主出行体验，让更多人选择绿色低碳的出行方式。"

如今，在延边各县市，开放、共享的充换电网络建设正在加速推进。截至目前，国网延边供电公司现有充电桩客户 338 户，充电桩 460 个，电动汽车 1002 辆，总容量 2.71 万千瓦。

山水抽蓄 让赋能更绿色

随着新能源的发展，电力系统"双高""双峰"特征凸显，国网延边供电公司扎实推动吉林省东部"山水蓄能三峡"项目实施，加强与社会各方合作，共推抽水蓄能发展。

延边州拥有 470 条河流，分布密集、水量充沛、落差较大，流势湍急，水能资源丰富，发展抽水蓄能的优势得天独厚。国网延边供电公司以"大美长白山 绿电百日行"活动为契机，立足资源禀赋，超前谋划、精准对接，助推延边高质量发展和"双碳"目标落实。

2022 年 4 月，吉林敦化一期装机容量 140 万千瓦抽水蓄能电站正式竣工投产。9 月，国网延边供电公司积极促成龙井市政府与国网吉林新能源集团有限公司签订《龙井龙河抽水蓄能电站投资开发框架协议》，该电站位于龙井市东涌镇龙河村境内，计划装机容量 120 万千瓦。

2022 年 11 月 14 日，国网延边供电公司发展策划部金成日和他的同事们再次来到龙井龙河抽水蓄能电站等项目现场，实地察看项目进展情况。"抽水蓄能电站建设有助于提升电网调峰和保供能力。我们将同步加快配套骨干网架建设，促进清洁能源发展。"金成日说。

"十四五"期间，国网延边供电公司在保障电力系统安全、促进新能源消纳、推动能源清洁低碳转型的同时，积极推进延边地区 5 座共计 700 万装机容量抽水蓄能电站的前期工作。

整县光伏　让用能更高效

2022年11月23日，冬日的阳光洒在延边州汪清县分布式光伏电站光伏板上，国网汪清县供电公司发展建设部主任千松玉和她的同事正拿着电笔检查光伏电站内的开关及用电设备。

千松玉全程参与了汪清县整县分布式光伏电站建设。自2021年9月汪清县被正式确定为吉林省唯一整县推进分布式光伏示范县以来，国网延边供电公司迅速与政府共同成立推进分布式光伏开发试点联合工作组，集中专业中坚力量成立“分布式光伏柔性团队”，同时结合地区电网实际编制《延边地区整县分布式光伏建设规范》等3份指导性执行文件，全力推进延边州清洁能源开发建设。

“我们多次到光伏现场踏勘，主动对接光伏业主。目前我们已完成汪清县、龙井市共计30个、总容量49.13兆瓦分布式光伏电站接入方案的编制、审查、批复及投资计划下达工作。”国网延边供电公司发展策划部金成日在工作会上介绍道。

在新能源发电项目建设的同时，国网延边供电公司主动开辟优化光伏发电并网绿色通道，统一管理模式、技术标准、工作流程和服务规范，创新分布式光伏云结算和批量新装服务模式，一口对外为光伏并网提供便利条件，全力支持新能源产业发展。

截至目前，国网延边供电公司辖区内有分布式光伏客户1615户，装机容量11.29万千瓦，年发电量1.27亿千瓦时。

第二节 科技创新，敢为人先的骨气

“人不可有傲气，但不能没有傲骨。”骨气，是做人立场、良心和价值的体现。一个有骨气的人，才是真正顶天立地的人。钱学森回国时，别人问他中国能造出自己的导弹和火箭吗？钱学森脱口而出：“外国人能搞，我们中国人就不能搞？难道我们中国人就比他们矮一截？”前辈们以中国人为荣的骨气支撑着他们为了国家和民族的利益而奋斗，新时代的中国青年增强做中国人的骨气，就是要牢固坚守这种中国立场。

党的二十大报告指出，必须坚持科技是第一生产力、人才是第一资源、创新是第一动力，深入实施科教兴国战略、人才强国战略、创新驱动发展战略，开辟发展新领域新赛道，不断塑造发展新动能新优势。创新已经成为实现以中国式现代化全面推进中华民族伟大复兴的关键组成部分。

国家电网有限公司深入学习贯彻习近平总书记关于科技创新的重要论述和指示精神，坚持创新驱动发展，实施科技强企战略，瞄准全球电力科技制高点，取得了众多具有自主知识产权、引领世界电网技术发展的原创成果，推动我国电网科技实现从跟跑到并跑再到领跑的跨越式发展。

当前，我们正处于世界新一轮科技革命和产业变革同我国转变发展方式的历史交汇期，国家电网有限公司既面临前所未有的历史机遇，也面临前所未有的现实挑战。公司上下必须把握大势、直面挑战，迎难而上、抢占先机，以更大决心和力度推进科技创新不断上台阶、上水平。把科技创新摆在关系战略全局的突出位置，以自主创新能力建设为中心，全面推进人才链、创新链、技术链、价值链、资金链贯通融合，加强能源与信息融合技术创新，加大自动化系统、数字平台与通信、人工智能等领域关键技术攻关和集成创新，解决“卡脖子”技术难题，持续提升自主创新能力和核心竞争力，有力支撑能源互联网构建和大电网安全高效运行，更好地服务创新型国家建设。

国网吉林电力上下要深刻理解、坚决贯彻党中央关于创新重要部署，坚持创新在我国现代化建设全局中的核心地位不动摇，强化企业科技创新主体地位不动摇，主动适应创新需求、紧紧抓住创新机遇、勇于承担创新任务、全力打造创新环境，进一步推动创新链、产业链、资金链、人才链深度融合，为建设创新型国家和科技强国提供坚强支撑，为

全面建设社会主义现代化国家、全面推进中华民族伟大复兴作出更大贡献。坚决贯彻国家电网有限公司部署，在发展中始终坚持“改革驱动”和“创新驱动”，以勇于担当、敢为人先的责任情怀，把攻克艰巨任务、推动电力事业发展作为自身的追求和奋斗目标，奋力构建具有吉林特色的“六个一流”创新工作体系，为实现公司战略目标贡献力量。新时代国网青年敢为人先，锐意创新，勇攀科技高峰，恪尽职守，百折不挠，用智慧和汗水为国家科技发展抢占国际前沿阵地，只有乘风破浪敢为人先，才能直挂云帆振中华。

【延伸阅读】

御风者

孙勇，中共党员，现任国网吉林电力发展策划部（碳资产管理办公室）副主任。

他的青春与风为伴，是别人眼中的追风人。他注重深入现场，用双脚定位全省3500余台风机的地理坐标；注重科学分析，用数据标记每台风机的出力特性。

他的理想随风成长，是同事眼中的领路人。他聚焦风电控制难题，十年如一日，攻坚克难，修炼风电控制“内功”；立志控制手段创新，精准发力，实现风电并网调度的精准预测、实时监测与智能控制。

他的事业御风前行，是国内公认的风电调控技术青年科学家。他树立风电中国样板，科研成果填补多项国内技术空白，推动我国风电技术标准成为国际标准；提升风电消纳水平，为清洁能源发展、能源结构改革作出突出贡献。

他的工作目标就是让刮风这种最平常不过的自然现象，为人类带来光明和经济效益，并能减少煤炭等传统化石燃料的使用，达到节能减排的目的。

在风电大规模集中并网的开发模式下，要想让风电照亮人们的家，最关键的是让波动性、随机性的风电稳定地经过电网传输到人们家中。可以简单地打个比方，风电就像网约车，火电等常规机组就像公交车，输电通道就像公路，用电需求就像乘客。每天的乘客和公路都是固定的，必须合理安排网约车与公交车的车次才能顺利地把每位乘客送到目的地，否则现实中就会出现用户无电可用或者弃风的情况。

风电优先调度的难处所在

风是无拘无束的，就好像谁都无法预料会有多少网约车，所以公交车的安排就非常关键，安排多了公路跑不开，安排少了无法满足乘客需求，这就是风电优先调度的难处所在。

首先要做的事就是预测风电发电情况，但全省3500余台风机，分布在松原、白城、四平等地近6万平方千米的广阔土地上，要精准预测它们在未来某一时刻的发电情况谈何容易。

他当即立下“愚公移山志”，决定对全省风机来一次“大摸底”，彻底搞清每一家风场风机的实际参数，白天采集数据，晚上分析数据、制定工作计划。

那段时间，他们每天睡眠时间不足4小时。经过一个月昼夜不停地工作，他们终于完成了全省风机信息的采集工作。凭借着精准的风机模型参数，他们成功地将风功率预测准确率提升至90%，达到了极高的实用化水平。

预测准了还是不够，因为风实在是太爱自由了，时常出现随机性的功率波动，就好像网约车司机突然不接单了，必须赶紧调派公交车转运乘客，这就需要提高对风电的监测能力，为电网应对功率波动提供充足的预判时间。

为此他们要求风电场将实时气象、运行等关键数据上传到数据平台。但各家的数据千奇百怪，格式不统一、数据不完整，要想通过这些残缺的数据了解实时运行情况，难度真跟盲人摸象有得一拼。

国内行业标准

没有规矩不成方圆，他们将工作切入点放在规范信息交互上。功夫不负有心人，经过反复论证、试验，他们终于编制出《风电场调度运行信息交换规范》和《风力发电场有功功率调节与控制技术规定》两项国内行业标准，在全国率先实现对并网风电机组出力及风电资源的实时监测。

网约车的数量能够预测，也能监测了，眼下最关键的问题就是如何合理调配网约车与公交车的数量。“编筐窝篓，全在收口”，智能风电调度控制系统开发工作已经如火如荼地展开了。

他们整个团队几乎天天加班，“5+2”“白加黑”已经成为常态，常常是早晨刚到办公室就继续讨论前一天晚上的课题思路。那时候正好赶上去一家风场安全检查，他一到风场，运行人员就向他跑来，握着他的手急切地说：“今天风这么大，但发电一直受限，一多半风机只能停机，这么好的风资源全浪费了。”那一刻他看着他们充满焦虑与期盼的眼神，真切地感觉到自己工作的重要性。

他担负的不仅是岗位职责，更有全省风电企业的发展希望，乃至吉林省节能减排工作的实施效果。为了获得最优计算参数，数据拟合实验做了近万次，控制流程设计方案五易其稿。

突破性成果

最终，他们提出了基于预测的时序递进、多时间尺度协调的有功调度方法，可以对风电和火电机组进行联合优化调度，彻底解决了网约车与公交车的合理调度问题，取得了风电高效利用的突破性成果。

在项目鉴定会上，中国科学院院士王锡凡组成的鉴定委员会给出“该成果是大规模风电基地安全防御和风电消纳技术的重大标志性成果，总体上达到了国际领先水平”。系统投入应用后，5 年来吉林电网多消纳风电 20.5 亿千瓦时，减少消耗标准煤 73 万吨，增加风电发电企业收入超过 12 亿元，对我国保障能源安全、应对气候变化、减少城市雾霾污染作出突出贡献。

为了这个成果，他们奋斗了 1200 多个日日夜夜，所有的付出在这一刻都化为成功后的喜悦，他可以自豪地说大规模风电并网管理从此有了中国样板。

他和团队的风电管理成果已在全国23个省开展应用，覆盖风电装机容量超过1亿千瓦，每年减少弃风电量超过100亿千瓦时，相当于每年少消耗标准煤365万吨，减少二氧化碳排放1130万吨。

科研的道路只有起点，没有终点。孙勇表示，未来自己仍会不停地去尝试探索，解决更多的难题。

第三节 急难险重，敢于担当的底气

心里有底，眼中有光，脚下有力。底气，是源自内心的自信，是根植强大的力量。一个有底气的人，才是真正无所畏惧的人。如今，我们是世界第二大经济体、制造业第一大国、贸易服务第一大国、商品消费第二大国、外资流入第二大国、第一大外汇储备国，科技、教育、文化等各项事业蓬勃发展，国家强盛，人民富裕，我们比历史上任何时期都更接近、更有信心和能力实现中华民族伟大复兴的目标。这是我们的最大底气所在。但是，我们也要看到，当今世界正经历百年未有之大变局，新一轮科技革命和产业革命深入发展，国际力量对比深刻调整，国际环境日趋复杂，不稳定性不确定性明显增强。

我们青年人应当始终保持顽强拼搏、勇于开拓的精气神，始终想干事、能吃苦、肯奋斗，坚决杜绝任何贪图享乐、坐享其成的消极心理，坚决杜绝任何不思进取、颓废悲观的不良情绪，争做走在时代前列的奋进者、开拓者、奉献者。

古语云："顺境逆境看襟怀，大事难事看担当。"民族要强盛，国家要发展，社会要进步，在急难险重的任务上，需要敢于担当的精神。

勇于担当，就是敢闯、敢试，没有一点"闯"的精神，没有一点"冒"的精神，就走不出一条好路，走不出一条新路，干不出新的事业。在保电、抗洪、地震、疫情等各类特殊使命中，新时代国网吉林电力青年不惧风雨、勇挑重担，在急难险重等关键事件上发扬拼搏奋斗精神，体现青年作为。

本领过硬，底气就足。新时代国网吉林电力青年要练就过硬本领。当今世界的竞争，归根到底是人才的竞争。人才竞争的背后，实质是科技创新的竞争。我们要实现建成社会主义现代化强国的目标，实现中华民族伟大复兴的中国梦，必须具有强大的科技实力和创新能力，核心技术尤为重要。习近平总书记强调，关键核心技术是要不来、买不来、讨不来的。只有把关键核心技术掌握在自己手中，才能从根本上保障国家经济安全、国防安全和其他安全。关键核心技术是国之重器，近年来我国科技创新能力虽然显著提升，但关键领域核心技术受制于人的格局没有从根本上改变。科技强国，实现复兴，是一道我们无法回避、必须面对，并坚决完成的现实命题。新时代国网吉林电力青年要以“强国有我”的主人翁责任感和使命感，积极投身这场科技创新战，聚焦面向世界科技前沿、面向经济主战场、面向国家重大需求、面向人民生命健康，潜心钻研核心技术，努力练就过硬本领，勠力同心、奋发图强，为实现中华民族伟大复兴中国梦不懈奋斗。

【延伸阅读一】

电网运维的青春斗士

姜警，男，汉族，1991年10月出生，中共党员，硕士研究生。2018年毕业于东北电力大学电气工程专业，于2018年7月进入国网吉林供电公司参加工作，现任国网吉林供电公司运维检修部技术监督与质量监督管理。自工作以来，他勤学苦练、乐于奉献，时至今日，已成为一名生产骨干，在岗位中扮演着不可或缺的角色。他在思想上做到严格要求自己，时刻不忘“与时俱进、开拓创新”的时代责任，善于思考和总结，并在实际中综合运用。他时刻保持高标准严要求，始终脚踏实地，具有强烈的事业心和高度责任感。

作为一名生产技能工作者，姜警主要从事吉林地区变电站内部高压设备的各项例行、交接、大修试验及带电检测工作。工作中，他严格要求自己，认真负责对待每一项工作，随着工作经验日积月累，专业技术不断提升，如今已成长为本专业的安全质量标杆。

坚定理想信念　树立党员形象

作为一名中共党员，姜警深深地认识到，只有理论上成熟，政治上才能坚定，要把思想政治工作做好，就要不断学习，更新新观念，增强新意识，建立新机制，把握新动向，在创新中求得工作的进取和发展。

他紧密结合国网吉林供电公司生产经营工作实际，自觉坚持学习制度的落实，把学习作为把握工作主动权、谋求新发展的基本方法，不断探索新知识，积累新经验，不断提高应对复杂局面的能力。2020 年初新冠肺炎疫情暴发以来，姜警第一时间了解掌握疫情形势，冲锋在前，勇挑重担，完成吉林市重点防疫物资生产企业东升伟业故障处置、传染病医院备用电源调试等抢修作业，有效完成 2352 件到期绝缘工器具试验检测工作，保证了用户的正常用电，提高了供电质量。

开拓创新思路　激发创新活力

姜警在工作中充分利用创新思路，应用创新理念，开拓创新思维，研发出多项解决实际生产问题的创新成果。现已获得两项实用新型专利，分别为《一种大容量试验电源电缆专用线轴》《一种带有导电杆的鱼嘴夹》。他作为主创和发布人，“变电站大地网测试电极定位仪的研制”获得 2019 年国网吉林电力优秀 QC 成果二等奖，“缩短 220 千伏及以下倒置式电流互感器交接高压试验的作业时间”获得中国水利电力质量管理协会 2020 年电力行业优秀质量管理小组一等奖，“变电站大地网测试电极定位仪的研制”获得中国设备管理协会 2020 年全国设备管理与技术创新成果一等奖。姜警还获得 2020 年度吉林市青年岗位能手、2021 年度吉林市百优青年、2021 年国网吉林电力第五届青年岗位能手等荣誉称号，并于 2022 年入选国网吉林电力青年人才托举工程。他充分展现了新时代国网青年的创新技术水平和自主创新活力，获得了单位的好评，为国网吉林供电公司争得了声誉，创造了良好效益。

作为一名基层党员，姜警以求真务实、锐意进取的决心，做好每一件事，完成每一项工作。新时代的国网青年只有在担当中历练，在尽责中成长进步，才能担负起时代使命，才能无愧于青春韶华。

第四节

提质增效，善于作为的朝气

国家电网有限公司坚定不移走高质量发展道路，持续强化挖潜增效。严格综合计划和预算执行，深入开展投资绩效考评，持续强化精准投资，从严管控带息负债。挖掘生产经营潜力，推动技术降损和管理降损，强化重点环节降本节支，确保经营成果颗粒归仓。提升资产运营效率，提高电网设备利用水平，推进基础资源共享运营。增强“四翼”发展动能，创新发展绿色金融和碳金融，优化战略性新兴产业布局，深化综合能源服务、能源电商、电动汽车服务等业务创新和管理创新，发挥好全球能源互联网发展合作组织、能源电力转型国际论坛等平台作用，为全球能源治理贡献中国方案。持续优化电力营商环境，巩固提升“三零”“三省”服务推广成果，打造卓越供电服务体系，大力推广不停电作业，深入开展“供电 + 能效”服务，持续提高能效诊断和节能服务水平。构建共享生态体系，发挥电网对产业链带动作用，打造共建共治共享的能源互联网生态圈。

国网吉林电力在深化提质增效中展现吉林作为，实施“四化”管理，聚焦“十字”发力，强化精益管理，深化经营诊断分析，重塑预算管理体系，实施分级管理。坚持以干得助，建设现货市场电费结算体系，动态调整“一户一策”，确保电费颗粒归仓。推进产业发展，积极创建高新技术企业，突出专业性、系统性、协同性，高效组建、运营新兴产业单位，持续提升自主创新能力，促进公司产业结构优化升级。深化合规经营，落实“管业务必须管合规”要求，开展合规风险常态治理，坚持案件全过程精准管控，持续做优“订单式”审计和数字化审计平台建设，强化审计问题整改，及时消除和化解重大管理风险。

提质增效，青春建功。新入企员工要坚持围绕“八个全力、八个增效”，实施“四化”管理，聚焦“十字”发力，在资金管控、“量价费损”、新兴产业做大做强过程中展现自己的青春朝气。新入企员工应坚持带头树立艰苦奋斗、勤俭节约意识，所属基层单位层层落实，遍地开花。新入企员工应持续助力公司各项年度工作目标的实现，在拓增量、提质量、降成本、增效益担当作为，努力融入公司改革创新、资源经营、精益管理等活动中，为公司各项工作注入青春活力。

【延伸阅读】

拥抱新时代　勇做“追梦人”

他是国网吉林电力“青年工匠”“青年岗位能手”，曾荣获青年创新创意大赛金奖等十余次创新奖项。从参加工作起，他不停地追逐一个个梦想，并把它们一一变为现实！

杨松，现任国网白山供电公司运维检修部输电运维检修经理。工作至今，他始终谨记前辈们说过的厚积薄发的工作理念，把实践和理论相结合，努力解决工作中面临的每一次困难和挑战！

高压线上的“舞精灵”

2008年，他入职国网白山供电公司，被分配到检修公司输电运维班。在参加更换66千伏三西线防震锤现场作业时，他第一次登上了距离地面四五十米的横担，却因为无法克服心理上的恐惧，而无法进行操作。

知耻而后勇，从那以后，他特别加强对自己身体和心理的锻炼，只要有高空作业，他都自告奋勇第一个报名，珍惜每一次单位组织的培训和实际作业的机会，有时候晚上做梦都梦见在导线上晃悠……随着参加作业次数的增多，后来他攀登杆塔如履平地，在高压线上行走自如。慢慢地，很多重要的、高难度的实际操作，师傅们都放心地交给了他。

2009年在白山六道江220千伏变电站66千伏线路送出工程建设施工现场，他一待就是2个月。在那2个月里，他除了在高空线路上游刃有余，更掌握了许多平时学不到的知识，如基础浇筑、铁塔组立等。那一年他成长为输电运检专业技术员，这不是个什么官衔，但他很珍惜这个职位，因为这是对他工作的一种肯定，更是组织对他的信任。

从此，杆塔和高压线成了他的舞台，而他暗下决心一定要做一名时代的舞者。

学习路上的“优等生”

参加工作以后，他结合业务实践，自学了很多专业书籍，积极主动参加各类培训。在实际工作中，每次线路巡视他都会沿着塔身看几遍，心中默默比较、分析。慢慢地，他熟悉了白山电网覆盖下的山山水水，熟记耸立在山岗的铁塔组立的时间、铁塔的型号，成了大伙公认的输电线路“活地图”“土专家”。

2009年国家电网有限公司ERP系统准备上线，他被安排参加ERP系统设备模块关键用户培训，并担任内训师对员工进行培训。为了按时完成系统上线工作，他和几名同事一起加班加点核对数据、录入系统，在规定时间前将ERP系统成功上线。2010年省公司组织“超越杯”ERP知识竞赛，他获得了设备模块个人第二名的成绩。2011、2012年在输电青工技能比武活动中，他连续2年获得了第一名的好成绩。

设备隐患的"终结者"

白山地区山高林密，地形复杂，地下矿藏丰富，雷电活动频繁。每年白山地区都有因雷电造成的线路故障，雷害成了白山电网输电专业面临的头号难题。他时常在想，怎样才能把雷害防患于未然呢？

一次偶然的机会，他参加国网武汉南瑞技术人员实地授课讲座，了解到了差异化防雷评估方法，这让他如获至宝。回来后，他立即组织专业人员，把近十年的线路故障全部统计出来，找出规律，通过分析线路防雷重点地段，大力开展差异化防雷评估，并按轻重缓急制定了防雷措施，将事后防范变成了事前防御，雷击跳闸率由原来的0.516次/（百千米·年）降低至0.129次/（百千米·年），当年220千伏通白一二号线被省公司评为防雷标杆线路。

沈白高铁为东北东部地区客运主通道、国家快速铁路网的重要组成部分，2021年在白山地区正式开始施工。经排查，沈白高铁建设在白山地区控制段工程需迁改电力线路60处，非控制段需迁改电力线路188处，工作任务量大、时间紧、难度高。在沈白高铁电力线路迁改过程中，杨松组织设计、施工、运维单位提前谋划，合理制定施工计划，克服疫情、恶劣天气等多重困难，确保每一项迁改工程的顺利实施，为沈白高铁建设赢得了宝贵时间。

创新路上的"逐梦人"

白山220千伏松长甲线全长120千米，共332基铁塔，全线采用高塔跨树铁塔，穿越于茫茫长白山之中，铁塔下方的原始森林中经常有野生动物出没，巡视线路异常艰险困难。他就想能不能研制一种飞行器，顺着线路放飞之后就能把线路情况看清楚、把信息带回来呢？如果能够实现，不仅可以提升效率，还可以减轻一线工人的工作量呢……

2012年，他作为主创人员，参加国网白山供电公司研制高塔跨越林区输电线路巡检机器人项目。通过多方调查、取经，2013年，他们完成了对

220千伏松长甲线全线架空地线金具的改造，形成了供机器人行走的高速公路。为了能为机器人提供续航能力，他们结合线路实际情况与武汉大学研发团队进行了多次研讨，终于在2018年完成了220千伏松长甲线全线巡检机器人太阳能充电基站和自动上下塔装置的建设工作。目前巡检机器人已在220千伏松长甲线全线投入使用，为巡线工人解决了原始森林地区巡视难等问题。

林木茂密也是白山地区危及输电线路运行的难题之一，为了解决该问题，杨松做了大量工作。他咨询了白山林业科学院，分析了白山地区各类常见树种每年的生长高度及在不同温度时弛度的变化情况，为防止树害提供依据，并且积极探索新型的清理树木工具。2016年他带着自己参与研发的高塔跨越林区树枝修剪机器人参加了省公司的青年创新创意大赛，通过初赛、复赛，最终获得了国网吉林电力创新创意大赛金奖，并代表省公司参加了东北区域复赛的展示。2019年为彻底消除白山地区树木隐患，杨松充分运用吉林省林业厅《关于进一步加强危险树木清理的通知》精神（吉林资〔2018〕603号），探索“排查机制、联络机制、治理机制、销号闭环机制、防控机制”等五项机制，突出“找、勤、实、严、控”五字模式，开展拉网式、精准式隐患排查，积极协调政府和林业部门，取得支持和帮助，运用激光三维建模、激光清障仪等高科技手段协助进行隐患排查治理工作。累计排查出树木隐患145处，治理91处，其中危及线路安全运行的34处隐患已全部治理完毕，治理成效显著。

伏久者飞必高，他坚信成长是一个不断沉淀、不断积累，进而厚积薄发的过程。做自己想做的，奋斗自己想要的，勿忘初心，方得始终。

第五节

乡村振兴，善于挑战的勇气

击鼓奋楫新时代，旗帜高扬新征程。党的二十大报告指出，要全面推进乡村振兴，坚持农业农村优先发展，巩固拓展脱贫攻坚成果，加快建设农业强国，扎实推动乡村产业、人才、文化、生态、组织振兴。

全面建设社会主义现代化国家，最艰巨最繁重的任务仍然在农村。国家电网有限公司深入学习贯彻习近平新时代中国特色社会主义思想，坚决落实中央各项决策部署，主动担当作为，积极履行社会责任，做好电力先行官，架起党联系群众的连心桥，巩固拓展脱贫攻坚成果，积极服务区域协调发展和乡村振兴，落实乡村振兴战略和城市更新行动部署，大力实施农村电网巩固提升工程和城市配网更新改造工程，用坚强电力保障和暖心电力服务助力农业强、农村美、农民富。

国网吉林电力持续助力乡村振兴实现新提升。坚决贯彻落实政府部署，主动对接服务省内重大决策、重要部署，聚焦吉林省“一主六双”高质量发展战略，立足“三大基地”建设，围绕“两确保一率先”目标，

主动思考、主动融入、主动服务，积极探索支持吉林振兴、乡村振兴、冰雪经济、强边固边新路径，以“共情”服务赢得“共赢”局面，自觉在优化营商环境、助力乡村振兴、“两山”理论实验区建设等方面展现央企作为、写好国网文章。

【延伸阅读一】

七星山下好儿郎

他是“中国好人”“吉林好人标兵”荣誉获得者，他是国网四平供电公司“劳动模范”，他被同志和用电客户们亲切地称为“七星山下好儿郎”，他曾是国网伊通县供电公司电力调度控制分中心主任、共产党员服务队队长刘洪亮。

用心服务乡亲

“这片土地养育了我，服务七星山的乡亲们，是我义不容辞的责任。”刘洪亮的乡土亲情，是他做一名“好人”的不竭动力。

2012 年，刘洪亮担任国网伊通县供电公司共产党员服务队队长，从那年开始，这支服务队便拓展了一项“订单式”服务。每年 5 月刘洪亮组织队员分片到各村屯调查水田用电配套设备安装需求，免费为水田用户安装配套设施，并排好班，以免农民扎堆安装，耽误灌溉时间。

有员工曾经统计过，他们每年都要为当地农户安装 400 多台变压器，架设 13 千米线路，为农民节约安装费近 30 万元，10 年累计节约资金 300 余万元。

每当春耕季节，在那片土地上除了形影匆匆的“红马甲”，还留下了那句被百姓茶余饭后称赞的“不吃用户一顿饭，不吸用户一根烟，不收用户一分钱”的服务口号。

2020 年初，新冠肺炎疫情暴发以来，刘洪亮带领党员服务队开展“我是党员，冲锋向前我先来”抗疫志愿服务活动，主动承担了 3 个弃管小区 560 户的入户排查和站岗执勤工作，当起了弃管小区的“防疫卫士”，在小区大门设置“疫情防控排查站”，守好小区居民的健康“防线”。

他带领的7支服务小队肩负起全县15个乡镇的卫生院保电任务和87个村卫生室及乡镇卫生卡点的接电任务。“我们这个小区被物业弃管挺长时间了，这新冠肺炎疫情来得突然，别的小区又封闭又消毒，我们心里是真没底儿。这回好了，供电公司员工给我们守大门，咱老百姓心安呐!”伊通县祥和家园小区的赵大爷赞不绝口。

用情扶贫济困

“多亏了洪亮，我家的残疾补助手续才能办下来!”孟祥德手里拿着残疾证，激动不已。

营城子镇横河村孟祥德一家三口原是贫困户，他是股骨头坏死患者，瘫痪在床，妻子和儿子都是精神分裂症患者，亲戚和朋友都不敢送他媳妇和26岁的儿子去四平精神病院做鉴定，本就家庭困难，又迟迟拿不到残疾补助，孟祥德心里着急上火。

刘洪亮知道后，开着自己的车送他们到四平市区做鉴定，并协助他们办理了残疾证和残疾补助手续，他们家的年收入额外增加12960元。这些钱，不仅为孟祥德一家提供了生活保障，也是他们坚持下去的希望。

自2016年开始扶贫工作以来，刘洪亮带领党员服务队队员们包保了64户贫困户。他们举办培训班，免费为有劳动能力的中青年贫困户传授电工技术，到2020年8月，已经有16人取得了电工证，并成功找到了工作。他和团队定期到贫困户家宣传脱贫攻坚政策，逢年过节送去米面油和衣物，为贫困户购置家禽幼雏，让贫困户饲养，成龄后再帮助他们联系销路。在定期开展走访慰问的同时，刘洪亮组织员工和亲朋好友开展扶贫采摘活动，仅一年，就消费了2.68万元。

截至2020年年末，64户贫困户全部成功脱贫，这一“清零”是对刘洪亮和他的团队工作的最大肯定。

刘洪亮还善于思考，总是想出一些小点子，想方设法为群众为工作带去更多实惠和效益。

他提出建议，在2个光伏扶贫项目所在村设立党员服务岗，由业务骨干队员全程进行服务跟踪，主动了解光伏发电业务需求，帮助农民制定建设方案，并开设“绿色通道”，主动上门服务，为其办理相关手续，让光伏扶贫项目早日投入使用。项目投入运行后，刘洪亮带领队员定期对光伏扶贫项目的设备进行巡视和隐患排查，确保设备正常运行。

在他的团队的支持帮助下，2 个光伏项目全部投入运行，2020 年售电 14 万千瓦时，收益近 19 万元。

用爱带动团队

“我不仅要用电力照亮家乡的土地，还要用行动温暖更多的人。”这是刘洪亮践行初心使命的铮铮誓言。

工作之余，刘洪亮经常组织团员青年开展志愿服务活动，每当节假日前夕，他们就到河源和伊丹两所社会福利中心，为那里的老人理发，送去一些生活必需品，讲解用电常识，并义务为福利中心检修用电设备。

71 岁的张大成患小脑萎缩不太认识人，但是他一定要等着刘洪亮为他理发，每次理完发，张大成总是对着镜子照了又照，再向刘洪亮竖起大拇指，这是对这个志愿团队最好的认可。

2009 年，刘洪亮了解到伊丹镇拥苏桐同学父母多病，家庭生活困难，面临辍学的境地，当即自掏腰包为拥苏桐送去了助学金和学习用品。从那时起，刘洪亮和青年志愿者每年都为小苏桐提供助学金和学习用品，并建立了“苏桐助学基金”，让小苏桐能够继续上学，这一帮就是 13 年。

小苏桐于 2019 年以优异的成绩考入通化师范学院，现在一直保持年级前十的好成绩。这样的孩子，他们一共资助了 3 名。

刘洪亮个人坚持献血 23 年，累计献血 9500 毫升。在他的带动下，2012 年以来，国网伊通县供电公司职工先后献血 460 余人次，累计献血量达到 18 万毫升，该公司连续 10 年被伊通县评为“无偿献血先进单位”。

用力抗疫保供

作为国网伊通县供电公司电力调度控制分中心主任的刘洪亮，在疫情期间充分发挥党员的模范带头作用。

2022 年疫情初期，由于单位封闭管控，他一个人仅用一个上午，就完成了网络布线 400 米，安装了 32 个面板，调试了 12 台电脑，使得东尖供电所新址及时恢复了办公。3 月 10 日，由于疫情严重任务紧急，他主动请缨自己开车 4 个多小时往返 300 多千米到四平领取调度设备。伊通电力调度控制分中心是四平地区首家实现封闭管控的单位，疫情期间无一人被感染。疫情期间，他利用“吉事办—志愿者专区”服务平台，招募 270 名共产党员服务队队员，开展“疫情防控”“春耕保供电”等 5 项“爱与电同行”系列志愿服务活动。

4 月 8 日，伊通县遭遇特大风天气，多条 10 千伏线路停电。经县防疫部门批准，他被封闭在吴家沟 66 千伏变电站指挥全县农村电网调度，经过 65 天，到 5 月 14 日他和值班人员才被解封。他的爱人说：“刘洪亮是一个闲不下来的人，隔离只是改变了他的工作环境，但是没有隔离他的工作热情和激情！”

榜样的力量是无穷的。在刘洪亮的影响和带动下，这个团队先后涌现出“全国劳动模范”“吉林好人标兵”、四平市“五一劳动奖章”、四平市“百年百杰杰出青年志愿者”、四平市“四平好人 2021 年度人物”等先进典型。刘洪亮的凡人善举如涓涓细流，浸润家乡的土地。

2021 年，刘洪亮被授予“中国好人”荣誉称号，这是对他的最大认可和最高赞誉。当有人夸奖他时，刘洪亮谦虚地说：“我并不是想要大家说我是一个好人，我更希望能让生我养我的这片土地、让培育我成长的国网伊通县供电公司变得更好。”

【延伸阅读二】

脚下沾满泥土　心中沉淀真情

——国网延边供电公司驻村“第一书记”工作纪实

“驻村一年多，可以说已经融入六人沟了。村里的底数掌握了，情况摸清了，关系捋顺了，老百姓信任咱了，工作也好开展了……”谈起自己驻村感受，国网龙井市供电公司纪委书记苗学伟一脸自豪地说。

2021年6月，国网延边供电公司选派苗学伟接任两江镇六人沟村驻村工作队队长兼第一书记，担负起巩固拓展脱贫攻坚成果与乡村振兴有效衔接的重任。驻村以后，他将国网延边供电公司纪检监察干部扎实严谨的工作作风和认真负责的工作态度带到了六人沟，在建强基层党组织、助力乡村振兴、加强疫情防控等各项工作中作出了突出贡献，用坚实的脚印收获了群众的支持和信任。

夯实支部党建根基　做村里的“明白人”

“人心齐，泰山移。”多年的党务经验让苗学伟明白，抓住人心，才能干成事。

六人沟村曾经有一段村支部书记带领村民集体盗伐森林的黑历史，当年全村的男人基本被“一网打尽”。法制观念淡薄，规矩意识薄弱，是六人沟村党支部面临的巨大难题。作为一名纪检干部，又是六人沟村的第一书记，苗学伟一上任就把加强村党的建设和纪律建设作为首要任务来抓。他结合村党支部实际情况，完善“三会一课”，健全民主决策、便民服务、党风廉政监督检查等制度，组织支部党员常态化学习法律法规，带领全村党员共同学习贯彻党的二十大精神，加强思想建设，充分调动、发挥全村党员的先锋模范作用，使村两委焕发新的生机和活力。

“法制观念有了，规矩意识上来了，接下来就要解决村民矛盾纠纷，把人心聚起来。”他抽空开展“民情大走访”，逐户逐人走访座谈，详细了解每家情况、实际困难。他累计走访农户326人次，征求意见52条，建起“民情台账”，资助一般户、脱贫户3.84万元生活物资。

通过多轮次走访，他掌握了村民诉求，也摸清了村干部间、村民间的陈年旧事。他充当“中间人”，协调解决村干部间的矛盾、摩擦，先把干部拧成一股绳。接下来，他经常把村里的中青年聚到一起，摒弃前嫌，共谋村里产业发展，找准振兴方向。

助力乡村振兴　做村里的“带头人”

素有长白山下“摄影第一村”美誉的六人沟村位于安图县两江镇西部，

有着得天独厚的地理优势。“酒香也怕巷子深”，村级各项事业发展必须紧紧抓住政策机遇。乘着乡村振兴战略、千村示范建设的东风，他带领工作队坚持在干中提能，干中求助，取得了显著成效。依托独有的特色景观，大力发展旅游民宿，现有挂牌民宿26家，常年接待摄影爱好者，大大带动了乡村旅游事业发展。

“六人沟是我家，建设靠大家。”他认为，只有发挥村里党员的作用才能事半功倍。他与村两委严格落实“两个责任”，经慎重考虑，委任几名在群众中威信高、政治素质过硬、作风务实的老党员为“村公益事业协管工作组成员”，协助处理村内各项活动开展和项目建设协调，监管村级工作，传达村情民意，协调纠纷矛盾，既让基层无职老党员发挥余热，老有所为，又让村里一些老上访户把精力投入村级建设中来。

“打蛇要打七寸，牵牛要牵牛鼻子。”基层各项工作的开展要找准关键人，做好关键事。结合党史学习教育，充分发挥党员模范带头作用，坚持党员带关键人，通过党员做群众代表工作，做好网格化应急联保工作，推进村级各项事业顺利开展。同时，坚持培养致富带头人，培养了6户党员包保种养大户，让群众身边有发家致富的榜样，激发群众勤劳致富内生动力。“村看村，户看户，群众看党员，党员看干部。”六人沟村的成功之处在于充分发挥党组织的作用，在他的带动下，不但盘活了党员干部队伍，筑牢了支部堡垒，发动了群众，还赢得了民心，赢得了信赖，将自然人文资源充分利用，形成了干群合力、资源共享、互助合作的良性村级发展模式。

为民服务办实事　做村里的“知心人”

驻村干部不仅是乡村振兴的“领头雁”，更是群众奔向幸福生活的“带头人”。一段时间的驻村工作，他对全心全意为人民服务有了更深刻的理解和感悟。

为进一步巩固拓展脱贫攻坚成果与乡村振兴有效衔接，他积极与国网延边供电公司各部门之间协调帮扶产业。为进一步完善村委会基础设施，改善办公环境，为村部设计安装文化墙6处，脱贫户明白墙25处。向村部捐赠台式电脑、打印机各1台，在老村部安装桌球1台。自2021年以来，累计消费帮扶收购脱贫户黄豆6.7万斤，平均为每户增收560元。他和工作队员自发出资1980元，帮助脱贫户老人搭建塑料阳光棚，为28名妇女采购舞蹈服装56套。

“乡村振兴，必须要有产业做基础。如何能为村民留下一个长久产业呢?”在调研与论证的基础上，苗学伟与村两委干部一道谋思路、出主意，找准了产业兴村的突破口，最终选定光伏发电项目。他多次协调两江镇政府、安图水电公司，争取资金、政策。2022年9月，六人沟村光伏项目正式签约。他继续协调延边电力安装公司全力建设配套的10千伏线路，新装315千伏安变压器。在多方努力下，光伏项目于11月21日顺利通过验收，并网发电。据悉，该电站总容量294千瓦，首年发电量预计42万千瓦时，年收益率可达15%，村集体每年收益约15.5万元，真正实现了“输血”式帮扶向“造血”式帮扶的转变。

聚焦疫情防控　做村子的“守护人”

2022年两次的突发疫情，是对驻村干部们最为严峻的考验。3月、11月，吉林地区先后两次出现新冠肺炎疫情，为了严防疫情的传播，按照上级党委政府的要求，六人沟村成立了疫情防控劝返点，开展域外人员车辆的劝返工作，为了给政府提早决策提供数据，作为第一书记的苗学伟不分昼夜值班值守。

特别是3月份突发新冠肺炎疫情，他与全体村干部一道参与疫情防控工作。他每天早上5点起床，6点开始入户采样，9点前要将样本送到镇里，累计采样86次。7月4日，在全员核酸采样中，一位村民突发低血糖晕倒在地，紧急时刻，他迅速反应，组织村干部进行送医救治。

疫情期间，镇里要求村民足不出户，为了解决村民的生活难题，他主动与两江镇新永发超市协调，每日统计村内物资采购清单，及时为村民配送物资。在连续吃住在村1个多月的时间里，他利用晚上休息时间收集全村常住人口基本信息并录成电子档案，确保核酸检测精确到户到人，做到全员应测尽测。在疫情得到有效控制转入常态化防控阶段后，他又充分发挥纪检干部监督执纪作用，带领驻村工作队严格落实疫情防控责任，督促做好“外防输入、内防反弹”等各项工作。

他成了村里名副其实的“守护人”，却是孩子心中的“影子爸爸”。平时驻村，周末经常加班加点，只能用零星时间与孩子们视频，隔着屏幕关心着读高二的姑娘、陪伴着学前班的儿子。疫情期间，他7×24小时驻村，每天睡眠时间不到4个小时，好几天才能与家人发一次视频。儿子喊着要找爸爸，却认不出来视频对面的就是爸爸。但在孩子们心中，爸爸虽然看得见，却摸不着，这就是他们心目中的榜样，英雄爸爸。

“在纪检战线上，我的责任是做好监督、执纪、问责的工作，为净化党的队伍贡献力量。到了村里后，我深感肩负的不仅是纪检监察干部的形象，更是一个村的发展、二百多名村民的生活，使我觉得身上的压力和责任更重。”苗学伟深有感触地说。“下一步，我将以党的二十大精神为引领，不断加强学习，提升能力，以更加深厚的情感和更加扎实的工作服务群众，为新时代乡村振兴贡献力量！”

阅读思考

1. 电力人在急难险重等关键事件中的行为表现给了你怎样的感悟？
2. 你将如何解决未来工作中的难题？如何在平凡的岗位中保持激情？
3. 你考虑过你的付出为企业创造了什么样的价值吗？

第六章

铸魂：涵养时代精神为梦想扬帆

广大青年要坚定不移听党话、跟党走，怀抱梦想又脚踏实地，敢想敢为又善作善成，立志做有理想、敢担当、能吃苦、肯奋斗的新时代好青年，让青春在全面建设社会主义现代化国家的火热实践中绽放绚丽之花。

——习近平在中国共产党第二十次全国代表大会上的报告

五四精神：为民族复兴奋勇搏击

习近平总书记在纪念五四运动100周年大会上的讲话中指出："五四运动，孕育了以爱国、进步、民主、科学为主要内容的伟大五四精神，其核心是爱国主义。"

在爱国主义旗帜指引下，在中国共产党领导下，中国人民取得了反帝反封建胜利，建立了中华人民共和国，从此，中国人民不再受帝国主义奴役，实现了从"站起来"到"富起来"的跃升，并在"强起来"过程中不断接近中华民族伟大复兴目标。长期被帝国主义奴役和欺压，中国人民深切体会到其中苦痛，因此，中国人民坚守的爱国主义，从来都不是狭隘和极端的民族情绪，而是将"世界人民大团结万岁"写在天安门城楼上，并积极推进人类命运共同体构建的思想情感。

习近平总书记深情寄语新时代青年，要坚定理想信念，站稳人民立场，练就过硬本领，投身强国伟业。这既体现了中国共产党对广大青年建功于国家和社会的一贯期许，又体现了新时代党和国家对广大青年思想行为的新要求。

五四精神不是抽象的，而是具体的；不是一种口号，而是需要用果敢行动去实践的，这其中必然有奉献甚至有牺牲。在2020—2022年举国上下抗击疫情的集体行动中，国网吉林电力青年没有任何犹豫和退缩，勇敢地担起时代赋予的重任，在胜利实现第一个百年奋斗目标，全面建成小康社会过程中贡献了吉电青春力量。在意气风发向着全面建成社会主义现代化强国的第二个百年奋斗目标迈进中，青年同样能够以智慧和勇气，发挥"后辈"应有的作用。

【延伸阅读】

敢担时代之托　立写青年之功
高标准、高质量实施青年精神素养提升工程

5月10日，党中央隆重召开庆祝中国共产主义青年团成立100周年大会，习近平总书记出席大会并发表重要讲话，全面回顾了共青团百年光辉历程，深刻阐明了共青团和青年工作的历史经验，对当代青年寄予殷切期望，对做好新时代共青团工作和团干部提出明确要求，为在新起点新征程上推动共青团事业守正创新、推进中国青年运动蓬勃向前提供了思想指引和行动指南。

5月24日，国家电网有限公司召开大会，深入学习习近平总书记重要讲话精神，辛保安董事长在讲话中对全面启动青年精神素养提升工程进行了部署动员，提出明确工作要求。

5月25日，国网吉林电力召开学习习近平总书记在庆祝中国共产主义青年团成立100周年大会上的重要讲话精神暨青年精神素养提升工程部署动员会，深入学习贯彻习近平总书记重要讲话精神，落实国家电网有限公司党组工作要求，启动部署青年精神素养提升工程，激励引导广大团员青年铭记光辉历史、感悟思想伟力，坚定不移听党话、跟党走，进一步深刻领悟“两个确立”的决定性意义，增强“四个意识”、坚定“四个自信”、做到“两个维护”，务实笃行推进“一体四翼”发展布局，为“1445”工作思路落地实施注入强大青春活力，奋力开创建设具有中国特色国际领先的能源互联网企业吉林新篇章。

国网吉林电力党委书记、董事长出席大会并讲话。

他指出，要深入学习，全面领会，切实把思想和行动统一到习近平总书记庆祝建团100周年大会重要讲话精神上来。

在庆祝中国共产主义青年团成立100周年大会上，习近平总书记发表重要讲话，回望百年、展望复兴、寄望青年，贯通历史、现实和未来，纵论青春、青年和共青团，倾注关怀、激励和期待，具有很强的政治性、思想性、指导性、战略性，是新时代党的青年工作的纲领性文献。国网吉林电力要把学习贯彻习近平总书记重要讲话精神作为重要政治任务，深入学、反复学，深刻领会精神实质、把握核心要义，切实把思想和行动统一到重要讲话精神上来。

一是深刻领会共青团始终与党同心、跟党奋斗的光辉历程和历史贡献，进一步践行初心、勇担使命。

习近平总书记指出，一百年来，在党的坚强领导下，共青团不忘初心、牢记使命，走在青年前列，组织引导一代又一代青年坚定信念、紧跟党走，为争取民族独立、人民解放和实现国家富强、人民幸福而贡献力量，谱写了中华民族伟大复兴进程中激昂的青春乐章。这一重要论述是对共青团在党领导中国青年运动壮阔进程中先锋队作用的充分肯定，深刻阐释了共青团由党缔造、与党同心、跟党奋斗的政治属性。吉林电力工业发展史同样也是一部吉林国网青年跟党奋斗的创业史。吉林电力团组织从无到有、从小到大、从弱到强，始终坚持党的领导，高举党的旗帜，团结引领一代代国网吉林电力青年把青春奋斗融入党领导吉林电力发展的生动实践，为服务吉林经济社会发展、人民美好生活作出了重要贡献。我们要始终传承忠党为民红色基因，坚持和加强党对青年工作的领导，教育引领广大团员青年继承弘扬与党同心、跟党奋斗光荣传统，在新时代新征程上续写新的荣光。

二是深刻领会共青团百年征程形成的宝贵经验和重要遵循，进一步汲取智慧、增添力量。

习近平总书记指出，一百年来，共青团坚定理想、矢志不渝，形成了坚持党的领导、坚守理想信念、投身民族复兴、扎根广大青年的宝贵经验。这一重要论述深刻揭示了共青团的立身之本、政治之魂、奋进之力、活力之源，把我们党对共青团工作的规律性认识提升到了新的高度，是共青团面向未来、再立新功的重要遵循。回顾吉林电力事业发展，各级团组织在党的带领下，动员团员青年积极投身中心任务，围绕企业升级、双达标、创一流等创建“青年安全生产示范岗”“青年文明号”，争当岗位能手，争做突击队员，在为党奉献、促进发展中留下浓墨重彩的青春印记。我们要深化对共青团和青年工作的规律性认识，创造性开展好新时代共青团和青年工作，不断凝聚广大团员青年为党的电力事业不懈奋斗的磅礴力量。

三是深刻领会共青团“四个始终成为”的殷切希望，进一步把准方向、明确任务。

习近平总书记指出，新时代共青团要坚持为党育人，始终成为引领中国青年思想进步的政治学校，始终成为组织中国青年永久奋斗的先锋力量，始终成为党联系青年最为牢固的桥梁纽带，始终成为紧跟党走在时代前列的先进组织。这一重要论述深刻回答了“新时代建设什么样的共青团、怎么建设共青团”这一方向性、全局性、战略性问题，深刻指明了新时代共青团的历史使命、根本任务，是解答共青团时代课题的路径方法。国网吉林电力党委持续加强基层团组织建设，优化推优入党机制，推进青年创新创效，深化“两红两优”创建。近五年先后有4个基层团组织获评全国五四红旗团委（支部），44个基层团组织获评省部级五四红旗团委（支部）；在国家电网有限公司六届青创赛上共获得金奖5项、银奖6项、铜奖10项。我们要牢记总书记对新时代共青团的嘱托，不断加强团组织建设，在“四个始终成为”方面走在前、作表率，不断提高团组织的引领力、组织力、服务力和价值贡献度，当好党的忠实助手和可靠后备军。

四是深刻领会团员青年“五个模范”的成长指引，进一步为党育人、为国育才。

习近平总书记指出，新时代广大共青团员，要做理想远大、信念坚定的模范；要做刻苦学习、锐意创新的模范；要做敢于斗争、善于斗争的模范；要做艰苦奋斗、无私奉献的模范；要做崇德向善、严守纪律的模范。这一重要论述明确了新时代团员青年的先进性标准，标定了青年“做什么样的人”“干什么样的事”的成长方向，增强了团员队伍建设的方向感、针对性。广大团员青年历来有追求进步、勇挑重担的光荣传统，在国网吉林电力改革发展各个不同时期贡献了智慧力量。近5年，先后涌现出以全国技术能手迟克寒、全国劳动模范贾春贺、全国青年岗位能手郑强仁、全国优秀青年志愿服务者陈旭东、全国青年好网民高启迪等为代表的一批“先锋分子”。我们要着眼建设一支政治强、素质高、骨头硬、作风优的团员青年队伍，鼓励青年在政治历练中坚定信仰，在重大考验中增长才干，在艰苦一线磨砺意志，以实干实绩展现新时代国网青年青春风貌。

五是深刻领会对党组织和团干部提出的重要要求，进一步抢抓机遇、主动作为。

习近平总书记指出，各级党委要倾注极大热忱研究青年成长规律和时代特点，拿出极大精力抓青年工作，落实党建带团建工作机制；广大团干部要铸牢对党忠诚的政治品格，自觉践行群众路线，培养担当实干的工作作风，涵养廉洁自律的道德修为。这一重要论述充分肯定和强调党建带团建重要作用，为加强和改进群团工作领导指明了方向，为新时代共青团干部深刻画像。国网吉林电力党委深入落实党建带团建工作要求，把团青工作纳入党委工作整体格局，定期研究部署团青重要工作，建立党建带团建工作联系点，全面落实专兼职团干部待遇，团青工作质效持续提升。我们要把深化落实党建带团建要求作为一项重要政治任务抓在手上，要把党对年轻干部的要求全面贯彻到团干部队伍建设中来，推动形成深化党建带团建、抓好团建促发展的生动局面。

习近平总书记高度重视青年一代的精神素养培养工作，在庆祝建党100周年大会上，深情寄语中国青年要以实现中华民族伟大复兴为己任，增强做中国人的志气、骨气、底气。这一重要论述充分体现了习近平总书记对祖国未来一代精神素养的高度重视，饱含着总书记对广大青年的深切关怀。我们要认真学习领会，全面贯彻落实，高标准、高质量实施好青年精神素养提升工程，实现国网吉林电力青年政治进步、思想升华、作风转变、能力提升。

公司党委强调，要提高站位、务求实效，全面推进国网吉林电力青年精神素养提升工程。

一是将开展青年精神素养提升工程作为坚决捍卫“两个确立”的政治宣言。

历史和现实反复表明，只有青春向党、志存高远，才不会迷失方向。当前，国际国内形势深刻变化，不同思想文化交流交融交锋、社会思潮多元多样多变。加强青年思想政治工作，引导青年不断增强做中国人的志气、骨气、底气，是青年精神素养提升的根本目的。要加强思想引领。各级党委要持续加大推优入党工作力度，发展党员要注重向一线团员青年倾斜，党内组织生活要吸收青年积极分子参加，共产党员服务队要吸引团员青年参与。各级党组织书记要定期讲团课，做团干部的导师、团员青年的朋友，政治上关心、思想上提领、精神上激励。各级团干部要深入基层一线，深入青年身边，多为青年计，少为自己谋，做青年友，不做青年官。要加强理论武装。各级党委要安排团组织书记列席同级党委理论学习中心组学习，要面向青年加强形势任务教育，持续推进“青马工程”。各级团组织要用好“三会一课”、主题团日等载体，组织好集中学习教育，做好党的创新理论“青年化阐释”，引导青年学懂弄通习近平新时代中国特色社会主义思想，进一步做到学以铸魂、学以立诚、学以力行。

二是将开展青年精神素养提升工程作为培养锻造“时代青年”的探索实践。

历史和现实反复表明，奋斗是青春最亮丽的底色。在国网吉林电力改革发展历程中，我们先后实践铸就出吉电铁军、抗冰保电、“老变”红色基因、抗疫保电新作风等一系列精神特质，这是我们宝贵的精神财富。引导青年传承优良传统，发挥主力军、生力军作用，是青年精神素养提升的内在要求。要深化传统教育。各级党组织要面向团员青年组织开展道德讲堂，先进典型、先辈楷模报告会、座谈会，重点讲述老一辈电力工作者在电网建设、优质服务、改革创新中的奋斗历程和突出贡献。各级团组织要坚持开展“重走抗联路”、走访老干部、走进电力文化遗产等活动，引导团员青年把先辈铸就的精神特质，转化为奋进新征程的磅礴力量。要深化对标交流。组织青年聚焦“同先辈比，我们身上少了什么”“同先辈比，我们身上多了什么”“同习近平总书记对新时代中国青年的期望和时代与公司发展要求比，我们还需要充实什么”三个问题深入开展大讨论，党团组织书记要带头谈、深入谈，引导青年“自画像”式深刻剖析反思，激励团员青年向时代楷模、劳动模范、大国工匠和最美志愿者学习，营造人人参与、敢于自我革命的浓厚氛围。

三是将开展青年精神素养提升工程作为笃行实干“再立新功”的广阔平台。

历史和现实反复表明，人生万事要靠自己奋发努力，积累点滴进步才能走出广阔天地。广大青年不驰于空想、不骛于虚声，志存高远、脚踏实地、辛勤耕耘，一定能实现人生的成功、事业的进步。引导青年立足岗位、建功立业是青年精神素养提升的现实需求。要抓好岗位建功。各级党组织要落实“团组织书记是党员的，可以列席同级党组织有关会议”要求，让团组织、团干部了解国网吉林电力发展的大事、要事。各级团组织要围绕深入落实“1445”工作思路，为团员青年建功立业搭建平台，激励引导青年扎根重点工程、基层一线，在吃苦吃劲岗位上磨炼意志、增长才干、锤炼本领、创造业绩。要抓好创新创效，各级党组织要聚焦推动“双碳”目标落地、新型电力系统建设、“大美长白山 绿电百日行”等重大任务，鼓励广大青年积极参与科技创新、管理创新、职工技术创新、QC 小组活动，大力推动创新成果转化。各级团组织要引导团员青年，不断增强团队聚力的意识、钻研专业本领的精神、吃苦耐劳扎根一线的韧劲、敢于冲锋敢于创新的闯劲，成为创新发展的先锋力量。

风华正茂恰青春、挥斥方遒当热血。国网吉林电力广大青年要更加紧密地团结在以习近平同志为核心的党中央周围，始终牢记习近平总书记的殷殷嘱托，将满腔热情转化为砥砺奋进、永久奋斗的实干担当，以自信自强、刚健有为的精神风貌，在建设具有中国特色国际领先的能源互联网企业吉林篇章实践中、在全面振兴全方位振兴吉林事业里、在实现中华民族伟大复兴征程上作出新的更大贡献。

第二节

劳动精神：为时代进步建功立业

劳动是财富的源泉，也是幸福的源泉。人世间的美好梦想，只有通过诚实劳动才能实现；发展中的各种难题，只有通过诚实劳动才能破解；生命里的一切辉煌，只有通过诚实劳动才能铸就。

习近平总书记同全国劳动模范代表座谈并发表重要讲话时指出："必须牢固树立劳动最光荣、劳动最崇高、劳动最伟大、劳动最美丽的观念，让全体人民进一步焕发劳动热情、释放创造潜能，通过劳动创造更加美好的生活。"

劳动精神是劳动者在创造美好生活的劳动实践中所秉持的马克思主义劳动观及体现的精神风貌。这既体现出党中央尊重和关心劳动者的价值导向，也体现出新时代激励和培育劳动者的基本要求。大力弘扬新时代劳动精神，用劳动创造美好生活，用创新引领社会发展，用奋斗体现人生价值，奋力奏响社会主义的劳动者赞歌，全力谱写具有中国特色国际领先的能源互联网企业新篇章。

用劳动擦亮创造美好生活的价值底色。劳动不仅是谋生的手段，更成为一种生活需要。它是人类社会前进的根本动力，也是创造美好生活的重要途径。大力弘扬新时代劳动精神，需要坚持劳动创造美好生活的价值取向，激励人民群众在平凡岗位上成就伟大事业。"一切劳动者，只要肯学肯干肯钻研，练就一身真本领，掌握一手好技术，就能立足岗位成长成才，就都能在劳动中发现广阔的天地，在劳动中体现价值、展现风采、感受快乐。"劳动成就美好生活，要求崇尚劳动、尊重劳动者，发挥广大人民群众的主力军作用。我们应当深入学习投身社会主义建设的新时代劳动楷模，特别是疫情防控、改革发展、农业生产、民生保障等重点领域的一线劳动者，在全社会形成"劳动最光荣、劳动最崇高、劳动最伟大、劳动最美丽"的良好风尚。

用劳动彰显创新引领发展的时代本色。创新是当今时代的主旋律，抓住了创新这个核心，就抓住了牵动经济社会发展的“牛鼻子”。大力弘扬新时代劳动精神，需要始终坚持创新引领社会发展的前进方向，推进创造性劳动的大发展，引导人民群众在创造性劳动中促进社会进步。创造性劳动是衡量社会活力的重要标准，是人类生存发展的根本性要素。我们应当坚持求实创新的实践导向，在劳动实践中勇于创新创造，以创新创造实践提高劳动效率，形成尊重创新、敢于创新、善于创新的良好环境，有效发挥劳动创新促进经济社会发展的巨大作用。

青春由磨砺而出彩，人生因奋斗而升华。奋斗是梦想成真的最佳途径，是人生价值的最好展现。大力弘扬新时代劳动精神，需要明确奋斗体现人生价值的未来导向，坚定刻苦奋斗的人生追求，汇聚奋斗伟力，在刻苦奋斗中实现人生价值。

【延伸阅读】

变电站里的“定海神针”

“有刘洋大哥在现场，我们干起活儿来最安心！”大家提起国网长春供电公司变电检修中心的刘洋时都会这样形容。“一生择一事，一事终一生”，从检修新兵到时代工匠、全国劳动模范，20 次的技术革新，4 项国家专利和 14 项发明创新以及无数的荣誉称号，这些数字的背后，是刘洋对检修业务近乎“痴迷”的状态下整整 34 年的专注与付出。

虎步龙骧成大业，鞠躬尽力绎芳华。人生能有几个 34 年，这其中包含了多少个日月春秋，多少个紧急时刻，多少个灵光乍现，正是这些生活与工作的点点滴滴，镌刻下伟大旅程的精彩华章。刘洋曾说，早餐是他们的“开会时间”，是因为创新已是他的日常；他说凌乱无序的电缆沟，是他工作中的战壕，因为电网人，就是这样义无反顾；他还说，“老变精神”的奉献，就像星星之火，终有一天可燎原。刘洋习惯把自己负责的变电站戏称为“技能进修班”，定期带领青年职工实地开展基建、电气设备安装、调试、验收、投运等方面的培训工作，并利用班会进行理论知识交流。以刘洋命名的创新工作室12年来吸引了8个生产专业的创新攻关团队加入，成立了创新联盟。工作室成果不断累积，共被授权10项国家发明专利、24项国家实用新型专利和1项外观设计专利，获得省部级以上荣誉的成果29项。他的创新团队也获评全国优秀质量管理小组和全国质量信得过班组。

风尘未洗，战斗号角已吹响！2021年7月25日16时，刘洋作为援豫抗洪的一员与抢修队来到了郑州市凤凰城小区，开始了紧张有序的抢修工作。彼时郑州的室外温度已经达到了33摄氏度，冒着高温和潮湿，大家开始对小区里的电力设备进行抢修。为了防止有人中暑，刘洋时常提醒身边的人休息一会儿，自己却始终忙碌在现场的各个角落，几个小时过去，他放在手旁的矿泉水始终没来得及拧开喝一口。半夜1点半，现场的变电抢修工作终于完成，刘洋和同事们还未能歇口气，就接到了指令，明早6点，赶往新乡市进行支援！26日上午9点，在新乡市的正商城小区，刘洋的队伍和省里其他地市公司的人员汇合一同展开抢修工作。小区里大部分变电设备因为泡水发生损坏，不少设备需要更换，整体工作量非常大。多年的电力专业从业者的素养让刘洋迅速适应现场环境，他发挥起了“老变精神”的精益、争先精神，和身边配电专业人员一起研究钻研，很快就接手了配电室开闭所内的高压柜的设备安装、线路连接工作，跨专业开展抢修工作。作为现场经验最丰富的检修人员，刘洋自觉成了现场人员的“主心骨”。为了快速完成工作，他将大家分成三队，同步开展工作。26日晚11点，积水还没有排干，等待更换的电力设备早早地送来了却安不上，刘洋心里很着急。“大家先回去休息吧，明天接着干！”刘洋回到临时住所还在和身边的同事讨论第二天怎么能加快速度完成抢修工作。

27日一早不到7点，刘洋和同事们还没吃早饭，就到现场查看排水情况。“大家先吃饭，吃饱了再继续干！咱们轮流吃，每三个人一组，一组10分钟！”刘洋仿佛成了队伍里的“指挥官”，在他的号召下，大家快速解决了早餐。“班长，你去吃饭吧，我们都吃过了！”尽管大家并不在同一单位，可现场的抢修人员都默契地喊起了刘洋“班长”。在刘洋看来，这是大家对他的信任，更是作为一名劳模的责任。因为开闭所内大水还没有完全退去，现场地面十分泥泞，开闭所内是封闭空间，温度高且潮湿，条件十分艰苦，为抢修工作带来巨大困难。直到 27 日下午 2 点，才完成设备安装，具备送电条件。“终于可以等来电了！”刘洋连续忙了 6 个小时后，长舒一口气说。再环顾四周，发现之前围观的老百姓都离开了，一问才知道，听说马上要来电都开心地回家了，正商城小区 14 栋 30 多层的住宅楼电梯也终于能恢复运行了！

劳模不是光环，更不是名号，是在无数个艰苦奋斗时闪光的瞬间，是比别人能钻研比别人能吃苦时艰苦的奉献。越是艰险的时候，越要在现场！越是关键的时刻，越要冲在前！

第三节

工匠精神：为制造强国托举希望

习近平总书记2022年在致首届大国工匠创新交流大会的贺信中指出："我国工人阶级和广大劳动群众要大力弘扬劳模精神、劳动精神、工匠精神，适应当今世界科技革命和产业变革的需要，勤学苦练、深入钻研，勇于创新、敢为人先，不断提高技术技能水平，为推动高质量发展、实施制造强国战略、全面建设社会主义现代化国家贡献智慧和力量。"发挥电网国之重器作用，需要我们进一步把握工匠精神的内涵，将其融入高质量发展的过程中。

新时代"工匠精神"的基本内涵，主要包括爱岗敬业的职业精神、精益求精的品质精神、协作共进的团队精神、追求卓越的创新精神这四个方面的内容。其中，爱岗敬业的职业精神是根本，精益求精的品质精神是核心，协作共进的团队精神是要义，追求卓越的创新精神是灵魂。

三百六十行，行行出状元。天道酬勤、天道酬智，体力劳动者和脑力劳动者只要敬业、勤勉，都可以成为无愧于新时代的劳动模范和大国工匠。劳模精神与工匠精神的共同特质，就是干一行、爱一行、专一行、精一行。

“滴水穿石”“十年磨一剑”，从古至今，世界上凡是有着出类拔萃能力的人无不是经过长期专心致志的修炼才获得成功的。历史学家范文澜在早些时候也提出过相似的概念——“坐冷板凳”，鼓励人们在做学问的时候要专心致志，不慕虚荣和名利，甘于寂寞，才能最终成就大业。

每个人都希望自己早一点出人头地、出类拔萃，在成功面前难免显得浮躁。但是在这个飞速发展的时代，能够沉下心来，坚定地做好每一项工作，是一项非常重要的能力。坚持用党的科学理论武装头脑，在勤学、修德、明辨、笃实上下苦功夫，克服浮躁之气，严格自我要求，知敬畏、存戒惧、守底线，扣好人生的第一粒扣子，走稳将来的每一步路，甘于寂寞，培养出核心竞争力，才能有所成就。

【延伸阅读】

“一专多能”的筑梦人

1986 年，琚永安由沈阳电校毕业分配到四平电业局做调度员。

“永安进步很快，动手能力很强，电子技术很厉害，车钳铆焊的技工活都会鼓捣，遇事特较真，当时我就感到他能干点儿大事。”现已 80 多岁的退休老师傅刘宝田对他如此评价说。

琚永安借助调度员这个复合型的岗位优势，广泛涉猎线路、设备、计量、自动化、通信等各专业，练就了“一专多能”的本领。

日常工作中的“多事人”

调度员时常受理设备发热、线路断股、断线等事故处理，但琚永安没完没了地“找事”，为啥？咋整？于是他研发了电力线路焊接补强新工艺，解决了野外条件下线上带电处理焊接的难题；研发的零线电压偏移保护断路器，解决了低压系统零线断线大面积烧毁家电事故的发生，已节约创效两千多万元；防窃电计量箱，有效避免技术窃电现象；无源式电气设备载流导体超温警示器，在线监测设备的温度。有了这么多较真后的成果，他被省总工会授予“吉林省职工自学成才者”“吉林省岗位创新能手”和“吉林省能源系统创新标兵”等称号。

同事口中的“抠门管家”

琚永安在分管通信、自动化专业技术工作时，最“痛恨”的就是浪费材料，可用部件，工余的边角料，他都分类留存。“这些年他带领大家前后改造了20多面电源屏，12个通信站的接地，节约资金至少百万元。”“自行设计和改造的机房电源系统，一个就节省50多万”！“抠门管家”的外号，就这样被大家传了出去。

节约创效，凭着这股子“抠”劲儿，他被评为“四平好人”和“吉林好人·最美职工”，还被评为全国“节俭养德·全民节约”先进个人。其事迹还在《吉林卫视》“吉林好人发布厅”典型播发。

同行心中的“百事通”

“只要思想不滑坡，办法总比问题多!”这是琚永安常挂嘴边的一句话。

针对电力线路，他研发了新式铁塔驱鸟器，提升了驱鸟效果；发明了新式防盗拆螺帽、防盗螺栓，每年节约创效近200万元；异相金属化学焊接技术，解决了高山、旷野接地体焊接难题，不用笨重的发电机，一个人就可完成；研究的新式接续线夹，消除了线路过热和断线隐患，方便了带电作业。

在低压电气领域，便携式液压杆塔扶正器，单人可以扶正倾斜的水泥杆；电压补偿调制器，解决了局部农网末端动力设备无法启动的难题；他发明的多整流器并列电源屏，使通信电源先进性和可靠性全国领先；发明了OPGW复合光缆自动旋切机，自动化剥缆在通信领域首开先河；研发的合路电源供电器，提高了变电站光纤保护的可靠性；调度自动化子站仿真系统，为自动化系统的运维、人员培训、系统调试等探索一条新方法；研发了变电站智能单元箱降温系统，解决了变电站智能箱常规降温方式的缺陷。因全面的技术和过硬的技能，他被评为省电力行业专家，两次获评“吉林省电力公司优秀专家人才”，入选四平市“第三批优秀专家人才”和“第四批优秀专家人才”。

2017年4月，他荣获首批十大“吉林工匠”称号，在四平市职工技能大赛中被四平市委、市政府授予“四平工匠”。

家人眼中的“败家子”

所有认识琚永安的人都知道，琚永安不爱应酬，很“抠门”，但有时“豪气”得很，这三十年来，自己掏钱申请专利、买工器具、材料也花了十多万！“抠门”的同时还“败家”！

他常说，要想做精一件事，必须达到“另类”与“极端”。无私奉献，潜心钻研，他被省公司授予“先锋形象共产党员”和“最美国网人”称号。默默耕耘的感人事迹，在吉林卫视《劳模风采》系列专栏和2017年5月4日《吉林新闻》中系列播发。

队员心中的“发明家”

闪光的足迹成了吸金石，以他的名字命名的创新工作室，组成了涵盖电力领域八大专业、70 多人的“大家庭”。近年来工作室共完成创新成果 260 余项，各类荣誉和奖励 300 余项，获国家专利 37 项，培训人员 1300 多人次，36 名员工晋升职称职级，13 人获评各级专家人才，32 人荣获各级劳动模范、先进工作者称号。

琚永安劳模创新工作室，被评为“吉林省经济技术创新团队”和“吉林省示范性劳模创新工作室”，并荣获“吉林省五一劳动奖状”。

2016 年 7 月，中华全国总工会副主席许振超来到“琚永安劳模创新工作室”调研，对创新、成果、应用、人才培养等给予高度评价。

琚永安已成为能工巧匠、爱岗敬业、创新奉献的标杆和典范；琚永安劳模创新工作室已被打造为人才成长的平台和培树典型的沃土。

第四节 劳模精神：为企业发展厚植力量

“国家之魂，文以化之，文以铸之。”党的二十大报告指出，统筹推动文明培育、文明实践、文明创建，推进城乡精神文明建设融合发展，在全社会弘扬劳动精神、奋斗精神、奉献精神、创造精神、勤俭节约精神，培育时代新风新貌。

劳动模范是时代的先锋、民族的楷模，他们身上承载和彰显的劳模精神一直发挥着引领作用，丰富和拓展了中国精神内涵，充分展现了新时代工人阶级和劳动群众的高度自信，已成为社会主义核心价值体系的重要组成部分。新时代需要大力弘扬劳模精神，推动全社会形成尊重劳动、劳动光荣的良好风尚。

一代人有一代人的使命。不同时代的劳模，给了今天的我们怎样的启迪？劳动的内涵在更新，劳模的标准在“进阶”，爱岗敬业、争创一流，艰苦奋斗、勇于创新，淡泊名利、甘于奉献的劳模精神始终是不变的秘籍。

劳模精神是我国优秀传统劳动文化的时代结晶。回顾灿烂的中华文明史，中国人民劳动精神的形成与劳动人民的生产和生活实践以及中华民族崇尚劳动的传统文化密不可分。在我国传统文化中，一向推崇对劳动实践的认同、对劳动精神的传承、对劳动文化的传播。我国优秀的传统劳动文化，为劳模精神的形成注入了民族文化基因，让劳模精神成为创造民族辉煌的根本力量和推动民族继续向前发展的精神支柱。同时，劳模精神又是对中华优秀传统文化中生生不息崇劳厚生精神因子的继承与阐发。

劳模精神凝聚建功新时代的磅礴伟力。习近平总书记在2020年全国劳动模范和先进工作者表彰大会上强调，要大力弘扬劳模精神、劳动精神、工匠精神。“不惰者，众善之师也。”在长期实践中，我们培育形成了爱岗敬业、争创一流、艰苦奋斗、勇于创新、淡泊名利、甘于奉献的劳模精神，崇尚劳动、热爱劳动、辛勤劳动、诚实劳动的劳动精神，执着专注、精益求精、一丝不苟、追求卓越的工匠精神。劳模精神、劳动精神、工匠精神是以爱国主义为核心的民族精神和以改革创新为核心的时代精神的生动体现，是鼓舞全党全国各族人民风雨无阻、勇敢前进的强大精神动力。

【延伸阅读一】

为爱点灯

——记国网慈溪市供电公司电力工人钱海军

一个什么样的岗位，需要 24 小时开机，365 天“在岗”？

一个什么样的人，能被 100 多位孤寡老人当成“亲儿子”？

走近国网慈溪市供电公司基层电力工人钱海军，我们懂得了一个“万能电工”23 年的守望——

“我愿意一辈子拎着工具箱，走在为人民服务的第一线。”

一条热线　23 年未变

“10 月 24 日 10 点左右，海军又来看我了，他叫我‘母亲’……看到我家的水龙头坏了，他说他记在心里了。”

“10 月 28 日 10 点左右，他用自己的钱买来新的冷热开关龙头给我换上……”

这是浙江宁波慈溪市的老人张翠花生前的记录。这位患有眼疾的老人曾经说：“有一天如果我看不见了，听人读读这些，也会觉得温暖。”

老人还存着一张名片，上面印着三行字：电力义工、钱海军、电话号码。

这个电话号码，是当地居民熟知的服务热线，23 年始终未变。

只要拨通，那位个头不高、面庞方正，鼻梁上架着一副旧眼镜的钱师傅总能“马上到、马上修、马上好”。

换灯泡、修电表、修电磁炉、修洗衣机、通马桶……钱海军的抽屉里，装着几千张碎纸条，每张纸条上都记录着姓名、电话和地址，记录着23年来钱海军完成的2.5万个小时的志愿服务。

有一年除夕，钱海军打算带妻女回老家过年，可当晚求助电话响个不停，他接连跑了4户人家。半夜到家后，只得泡两包方便面，算是年夜饭。

“万能电工”的名气越传越广，志愿服务的范围也越来越大，钱海军开着自己的车不管跑多远、有多累，坚持不喝群众一口水，不收群众一分钱。

干义工图个啥？钱海军忘不了多年前看到的一幕：一位退休的电气工程师因年老体弱，竟然无法在家完成简单的换灯泡……这情景，刺痛了钱海军的心。

“那时候我就想，如果有一天我老了……”从此，钱海军在兢兢业业为居民提供用电服务的同时，又主动承担起为孤寡老人修理电器甚至料理起居的工作。

能做一点是一点，能帮一个是一个。钱海军自费印名片，每次上门服务送出一张。他的手机24小时开机，哪怕是凌晨打来的电话，他都耐心接听。

23年间，钱海军结对帮扶的老人有100余户，年纪最大的108岁。平均每周，他要为孤寡老人上门服务20多次。

用掉多少电线、换过多少灯泡、贴了多少材料钱……这些年，钱海军帮扶孤寡老人的开销算不清，自己总是穿着那件破旧的工作服；以忘年交身份陪老人聊天，以“儿子”的名义送老人就医……20多年如一日，钱海军换来世间最难得的信任和亲情。

“有你这个‘儿子’，我生活有了底气。”和钱海军结对的朱春芬老人说。

由于不断收到群众写来的表扬信，单位同事才知道，钱海军总是扒上几口饭就走，原来是去做好事了。

“我只想踏踏实实地去帮助那些老人，看到他们的笑脸，我知足了。”钱海军说。

一颗热心　点亮千户万灯

长白山腹地的吉林省敦化市，天朗气清。明媚的阳光，洒落在顾成明家旱厕顶棚的太阳能板上。

3小时的光照可以带来6小时的照明。一根新安装的金属导线，让旱厕和家里的房间一样亮堂。

“以后晚上起夜再不用担心摔倒了。”拄着拐杖的顾成明笑了。

这束光亮，来自2000多千米外。2019年2月底，钱海军带队从宁波来到敦化，开展“千户万灯”项目延边行活动。

项目缘起4年前。2015年，钱海军在走访排摸慈溪市生活较为困难的残疾人家庭后，发现线路老化、线头裸露等用电安全隐患较为普遍。

一个个解难助困的“小目标”，在钱海军心里“规划”：每年完成500户残障人群用电线路改造；每年帮扶50名困难残疾人创业；每年培养一批乡村电工，重点培养残困家庭孩子；打造“千户万灯”乡村电器赋能站，以贴心服务帮助更多人共同富裕……在钱海军的建议下，国网慈溪市供电公司启动“千户万灯”残疾人贫困户室内照明线路改造公益项目，从宁波铺开到省市县三级联动机制，再到覆盖浙江全域。

2017年，“千户万灯”项目走进西藏仁布，并在当地开设乡村电工培训班。钱海军带领着一支志愿者服务队，从东海之滨奔赴雪域高原。

头痛、失眠、疲倦、呼吸困难……严重的高原反应汹涌袭来，钱海军咬着牙关支撑，直到被紧急送进医院。

送去太阳能移动电源，装上多功能自发电灯，安上新的漏电保护器……藏族同胞紧紧握着钱海军和队员们的手，激动地说：“扎西德勒!”

7年间，钱海军带着志愿者们行程20余万千米，铺设96.75万米管线，为西藏、吉林、贵州、四川等地6047户百姓送去光亮。迄今，“千户万灯”项目惠及6万余人，钱海军和同事们被人们亲切地称为“来自宁波的点灯人”。

“服务没有‘海拔’，爱心没有距离，应该毫无保留地把电和光送到祖国最需要的地方。”钱海军说。

一种精神　汇聚不灭心火

多年来，钱海军为无数人送去温暖，陪伴家人的时间少之又少，即使偶尔回家吃饭，也会时不时响起求助电话。这么多年，他几乎没在家吃过一顿完整的年夜饭。

一次，很晚到家的钱海军又接到求助电话，立马又要出门。妻子心疼他，实在忍不住了，一把抢过工具包扔了出去："你今天要是出去就不要再回来了。"

钱海军低着头，默默地拾起工具包，还是走了。

事后，他对妻子说："如果我们每个人都只想着自己的小家庭，这个社会就太冷漠了。"

看到他讲述孤寡老人时的哽咽，分享助人为乐时的快乐，妻子渐渐理解了他，也带着女儿随他一起帮扶孤寡老人。在他的带动下，他弟弟为社区居民提供维修服务，做社区医生的弟媳为老人开展义诊……

2012 年起，钱海军所在单位先后成立以他名字命名的共产党员服务队和志愿服务中心，1200 多名志愿者发展出 25 支志愿服务分队，辐射 300 多个社区，累计开展服务 3 万余次，服务时长超 21.3 万工时。

从风华正茂的"小钱同志"到头发花白的"老钱师傅"，钱海军始终牢记一位帮扶过的新四军老战士对他说的话："战争岁月，我是扛着枪冲在保家卫国的第一线。和平年代，你是拎着工具箱冲在为人民服务的第一线，我们都是真正的共产党员。"

在慈溪，在宁波，"钱海军"已经成为一个符号、一种象征。从为老人提供电力维修到关爱空巢老人"暖心行动"，再到"星星点灯"未成年人社会体验、扶贫助学等多种公益活动，汇聚起不灭的心火。

"我们要做一个像钱师傅一样的'点灯人'。"志愿者王军浩的抽屉里有两个本子，一本是工作手册，另一本是志愿服务记录本，上面详细记录着他服务过的每一位老人的信息，甚至还有每日的用药时间和用餐时间。

越来越多的年轻人，正在成为"钱海军"。

2015 年，在职校就读的曲朝阳暑假实践时跟随钱海军学习。毕业后，曲朝阳决定留下来。

他对钱海军说："师傅请放心，我一定会努力，多行一步，多帮一点，在志愿服务的路上，您永远不是一个人。"

钱海军，男，汉族，1970 年 2 月生，中共党员，现为国网慈溪市供电公司客服中心社区经理、钱海军志愿服务中心理事长。他从事电力服务工作30年，从一名普通的电力工人成长为有口皆碑的“万能电工”。他结对帮助100多位空巢、孤寡老人，帮扶学生27名，服务用户1.3万余人次。他注册成立宁波、慈溪两级志愿服务中心，积极推动困难残疾人住房照明线路改造项目，带领1200多名志愿者足迹遍布浙、藏、吉、黔、川五省（区），使“千户万灯”的光明照亮雪域高原、偏远山区、扶贫结对和东西部协作地区，受到广泛赞誉。他曾获得全国劳动模范、全国最美志愿者、浙江省优秀共产党员等荣誉，团队被中宣部命名为全国学雷锋活动示范点、获评全国先进社会组织等称号。

【延伸阅读二】

守千里银线　望万家灯火

他积极豁达、踏实肯干，在户外工作时间最长、条件最艰苦的输电岗位上一干就是23年；他拼搏进取、率先垂范，先后主持哈大高铁牵引站、京哈高速、水利灌溉等各类大型电力线路改造工程500余项。他就是吉林省劳动模范——张杨。

他是敢想敢干的“80”后，在凭借智慧和毅力创造价值的同时，用劳模精神砥砺作为，做电力保供的基石，做服务社会的先锋。

使命任务大于天。最难忘的是2002年重大覆冰事故抢修，张杨任小组负责人，带领6名同志负责2个耐张段、40基水泥杆的抢修。当时环境恶劣，浸了汗的棉衣棉裤被冻得硬邦邦，套了三四双毛袜子再穿上靴子也照样冻脚。回到驻点，关节被冻得发白、全身被冻得青紫，袜子一扔都能立到地上。每天在泥泞、刺骨的冰水里工作10多个小时，连续奋战了8天，他们超前完成了全部工作任务。

奋斗精神筑心间。2018年，张杨负责220千伏扶五线213基腐蚀拉线棒的改造工作任务。为确保线路的安全运行，他和同志们顶着三十七八摄氏度的高温，在密不透风、一望无际的青纱帐里，仅用10天时间更换了1000多根拉线棒。干活的时候就像蒸桑拿一样，一天下来衣服上全都是汗水形成的盐渍，硬得像铠甲。

保供责任扛在肩。在疫情、地震、雨雪冰冻和大风灾害“四情”叠加的2022年，他组织成立特巡工作小组，对覆冰舞动、基础裂纹、杆塔倾斜、森林火灾、风偏等情况进行巡查，共出动车辆78台次、人员156人次、节点测温1126处。每日通过76部监测装置完成“三跨”等重点区段在线排查，确保“城市生命线”等重要负荷输电线路安全可靠运行。

城市的夜空，因为有光，而流光溢彩；村庄的夜空，因为有光，而温暖明亮。他愿做那小小的一束光，在白昼与夜空，守千里银线，望万家灯火，让一束束光，千万条汇集在一起，温暖照亮我们多娇壮美的祖国。

第五节

老变精神：为电耀吉林挺起脊梁

“老变”，即长春220千伏变电站，前身为新京一次变电站，始建于1943年，是丰满水电厂建成后配套送出的第一座变电站，也是吉林省第一座220千伏变电站。80载峥嵘岁月，“老变”先后经历了殖民统治的黑暗时期，饱受了战争年代的炮火摧残，走过了解放初期的艰难困苦，见证了改革开放后的蓬勃振兴，实现了电网设备技术的智能升级，培养了大批电网事业的接班人，一路引领了长春电力事业的发展，并孕育传承了“坚韧、精益、争先、奉献”的“老变精神”，是践行人民电业为人民企业宗旨的典范。

“老变精神”是自力更生、苦干实干、坚韧不拔革命斗志的集中体现。作为革命战争时期、建设时期、改革开放时期长春电网核心枢纽的建设者、管理者、运行者，“老变”人面对战火后设备残缺、电网瘫痪、运行艰难的处境，毅然决然、顽强不屈在废墟之上恢复重建；克服运行检修经验少、改造升级任务重、电网环境变化大等难题，战斗在安全供电最前沿，始终以电网守护者的革命斗志引领电网新发展。

“老变精神”是专业专注、一丝不苟、精益求精职业品格的生动诠释。“老变”人坚持安全发展理念，致力于改善地区供电现状，投运国内领先设备，提高电力系统稳定性和经济运行水平，在安全运行管理上精确复制、从严从实；在检修技术提升上大胆探索、勇于实践；在现场操作标准上系统规范、总结提升，始终以技术领先者的职业信念保障安全可靠运行。

“老变精神”是推陈出新、勇于拼搏、力争上游进取意识的充分彰显。“老变”人在电压等级从154千伏到220千伏、变电容量从3万千伏安到48万千伏安、供电范围从7万余户达到26.7万户“三大飞跃”中，主动对接电网技术发展新标准，围绕解决生产实际难题，大力开展科技创新和群众性技术革新，在智能化转型中实现资源再节约、设备再革新、功能再提升，始终以创一流的争先意识树立长电标志形象。

"老变精神"是恪尽职守、任劳任怨、为民服务高尚情操的迭代传承。"老变"的变与不变，变化的是装备、是技术，不变的是精神的传承。"老变"人从第一任所长、"劳动英雄"宋秋岭到第15任所长汪新兵的传承接力中，在日常运行的平凡细节，在检修改造的火热现场，在技术革新的重要节点，在重大保电的关键时刻，团结协作、甘于奉献，一代接着一代干，全力守护着电网安全稳定运行，始终以坚定的党性修养保持不忘初心、牢记使命的责任担当。

【延伸阅读】

一座站　一群人　守护一座城

岁月不居，时节如流。长春一次变作为吉林省长春市首座一次变电站，在78年的奋斗途中，见证了从旧中国到新中国的改天换地，见证了从百废待兴到强电兴国的筚路蓝缕，也见证了中国从高速发展到高质量发展的波澜壮阔。

时间回到1942年，彼时还在日本殖民统治中的长春伊通河畔，有一个叫小河沿子的村庄，在那里，长春市第一座一次变电站正悄然开工。该站于1943年4月建成，当时的名字叫新京（长春）一次变电站，也就是如今的长春220千伏变电站的前身。

作为当时亚洲最大的水电站——丰满水电厂建成后配套送出的第一座变电站，长春一次变可以说是长春电力史上的一座丰碑。这座拥有着78年历史的变电站，又被大家亲切地称为"老变"。栉风沐雨数十载，"老变"在变，变的是变压等级、装备状况和管理水平；而在许多人心里，"老变"亦没有变，不变的是"老变精神"，这种"坚韧、精益、争先、奉献"的精神在一代又一代的电力人中薪火相传，生生不息，守护了一座城的光明。

灯火初燃 “老变”勾勒长春电网发展雏形

打开城市经济社会发展的宏伟画卷，在波澜壮阔的振兴图景中，“坚韧、精益、争先、奉献”的“老变精神”化作了一束火把，见证了近代以来，长春市乃至吉林省能源格局的变迁，记录了几代电网人的奋斗历程。

1943年5月，154千伏松（丰满）京（长春）线由丰满水电厂抵达“老变”，“两点一线”勾勒出长春电网发展的雏形。长春至此获得了稳定充足的电能。从此刻起，容量为3万千伏安的“老变”，成为吉林省电网的核心，伴随长春电力工业在破晓前的黑暗中启程，开始向着曙光进发。

日本投降以前，“老变”的电力技术都掌握在日本人手里，中国人只能做一些外围的工作，无法进入变电站的核心区域。其中，有两个做“博役”（勤杂工）的中国人叫赵金城和谭炳春。1945年，战败的日本帝国主义在撤离长春前，企图烧毁全部原始资料，让“老变”一切归零。赵金城和谭炳春发现这一阴谋后，不顾个人生死，以“强扣”的方式把资料从日本人手中抢了出来，为长春电力事业发展留住了“火种”。

那时，老一辈人曾流传这样一句话，“小丰满拉闸——全闭”，由此可见当时连接丰满水电厂和长春地区的长春一次变对于长春地区供电的重要性。1945年后的内战时期，电力线路和设备遭受严重破坏。“配电线路像面条似的牵拉在地上”，93岁的原“老变”员工陈林回忆说。整个长春都在至暗中祈盼光明。

直到1948年10月19日，长春和平解放。为加快长春恢复建设，上级党组织派出5名中共地下党员抵长驰援，其中就包括“老变”第一任所长宋秋岭。

面对战火后设备残缺、电网瘫痪、运行艰难的处境，宋秋岭率领第一代“老变”人挺身而出，在一无图纸、二无技术人员、三无检修大变压器经验的情况下，自力更生重建“老变”。

宋秋岭的儿子宋贵清回忆跟随父亲刚刚抵达“老变”时的情景，说：“当时变电所像是一座废墟，几百名抢修队员参与重建工作，日夜忙碌，‘老变’重新‘活’过来了。”抵达长春之后，宋秋岭在工地奋战了4个日夜。

“4 天后再见到父亲时，他肩上都是伤，手上全是血泡，但一句话都没说，睡了一觉又走了。”宋贵清回忆道，在抢修队员的努力下，第 10 天，长春市区全部恢复供电。40 天后，整个长春地区电网恢复正常运行。

1950 年，宋秋岭因在新中国恢复建设中作出突出贡献，被授予“全国劳动英雄”荣誉称号。如今，这枚荣誉奖章仍珍藏在宋贵清家中，它记录了第一代“老变”人在资源贫瘠和技术匮乏的时期，为新中国、新长春恢复建设付出的汗水与艰辛。

增容扩建　守护万家灯火

中华人民共和国成立后，伴随着大规模基础设施建设，长春的电力事业蓬勃发展。当时祖国工业百废俱兴，一汽、长春客车厂等大型工厂相继在长春落户。为满足急速攀升的用电需求，从 1951 年到 1956 年，“老变”先后经历了增容和扩建，总容量扩充到 9 万千伏安，较中华人民共和国成立前翻了 3 倍。

1959 年，“老变”持续安全运行超过 3000 天，在当时的技术条件下创造了国内变电站运行的奇迹。“老变”第三任所长关德水也因此受邀参加

全国群英大会，同王进喜、时传祥等劳模一起，受到了周恩来、刘少奇等党和国家领导人的亲切接见。1964年，“老变”获评全国供电系统先进变电所。

从前的“老变”流传着“万项操作无事故”的口号。“老变”是长春唯一的一座一次变电站，是长春电网的开关枢纽，差错率必须做到万中无一。电力员工每天24小时值班，需要“四班倒”。

“值夜班的时候，常有师傅带我学图纸、学故障处理、学一些复杂的操作，反正也不能睡觉，不如学点知识。”回想30年前的夜班生活，如今50多岁的“老变”人李宝成觉得那段日子真充实。“老变的无误操作也是历史传承下来的，每次倒闸操作都非常严格，负责人、所长、值长、监护人全都要在场，严防死守，避免误操作。几十年来‘老变’从未发生过因误操作导致的事故。”说起老变的故事，李宝成自豪极了。

“现在‘老变’的环境好了，设备也更先进了，年轻人身上的拼搏劲头里，始终还有我们老一辈人的影子，很欣慰。”说这话的是“老变”的第九任所长温青成。

1973年，年轻的温青成被调派到“老变”当技术员。“那时候没有计算机，值班时我们要盯紧每一条回路，一旦出现异常，必须马上说出设备技术参数，这是每个‘老变’人必须具备的素质。”温青成说。

1980年，伴随着改革开放的号角，长春地区的工业发展迅速，长春这座“汽车城”“电影城”焕发了新的生机。随着用电需求的增大，“老变”再次改造升级，引进了1台氢冷调相机，而在当年，全国仅有6台氢冷调相机。为了避免制氢导致的安全问题，温青成和同事们一人一岗24小时盯着调相机的每一块仪表，不间断监视和调试，最终得以熟练地控制设备稳定运行。

1987年，“老变”经历第3次增容扩建，总变电容量已达到24万千伏安。与此同时，为满足长春地区工业发展需要，1984—1997年，北郊220千伏变电站、西郊220千伏变电站和东郊220千伏变电站陆续建设投产，长春城区形成了以东南西北4座变电站为结点的环网结构，从根本上满足了城市建设和经济发展的阶段性需求。

在城市电网建设快速推进的重要时刻，“老变”人出现在每一个需要他们的“战场”上，在实践中沉淀为长春电力事业发展的基石。

华丽蜕变　承载全新使命

2012年，在“老变”原址，长春市第一座220千伏智能变电站建成投运。全站采用全封闭组合电气设备。这标志着以“老变”的华丽蜕变为引领，长春电网建设全面迈进数字智能化发展的崭新时代。

以此为节点，“十二五”“十三五”时期，围绕国家“一带一路”倡议和推动吉林全面振兴、全方位振兴，长春电力工业乘风破浪，长风万里。主干网架实现由220千伏向500千伏过渡，“十二五”期间供电量815.93亿千瓦时，“十三五”期间供电量1077.62亿千瓦时。一条条飞架南北的电缆，一座座现代化变电站，彰显着长春经济发展的勃勃生机。

面向“十四五”，长春电力建设已开始由智能电网向智慧电网升级的战略创新，融入5G技术浪潮，整合大数据，搭建电力物联网。“老变”也主动融入现代科技浪潮，不断推动占地再节约、设备再革新、功能再提升的智能化转型；首开国内先河，应用三维立体智能巡检系统。

“智能用电时代，电网对我们的要求越来越高。需要有更多深厚知识储备的高技术人才，需要我们这一代人传承老一辈电力人的精神，不断奋进!”这是青年员工黄立宇，一名新时代“老变”人心中的信念。

科班出身的黄立宇2009年来到“老变”工作，从值班员、技术员逐渐成长为“老变”班组的副班长。工作期间，他曾3次获评国网长春供电公司先进工作者，发明多项创新成果。黄立宇带领“老变”的业务骨干编制了《变电站巡视口袋书》，将巡视要求、要点与设备实际相结合，言简意赅、图文并茂。针对变电站空开上口装设接地线接触不良问题，他发明了用于电压互感器二次接地线的固定装置，并获得了专利。他主持的研制智能变电站围栏装置等数个课题连年获奖。

时间的足迹，承载着前行的力量。一批批电力事业接班人在这里不断涌现。如今，新一代“老变”人继续将老一辈电力人的精神传承下去。

近年来，“老变”完成了央视春晚分会场、亚冬会等重大保电任务，向社会各界交出了满意的答卷。

2020 年，长春地区遭受有气象记录以来最强雨雪冰冻大风天气侵袭，给电网造成了严重的破坏，共计 33.5 万客户停电。正在住院治病的现任“老变”站长汪新兵闻令而动，毅然决然申请出院，率班组全员参战，横跨长春南北，往返于所辖的 7 个变电站之间，历时 171 小时，完成 98 次事故线路的恢复送电工作，检查覆冰线路间隔 156 条次。他们以“困难面前有我们，我们面前无困难”的气魄担当，敲碎了禁封城市的冰冻寒霜，用实际行动证明了新一代“老变”人守护光明的使命担当。

日月其迈，岁律更新。在时间长河中凝练出的“老变精神”正以生生不息的思想伟力影响着了一代又一代坚守初心、接续奋斗的电力人。2021 年，“老变精神”传承教育基地建成投运，如今，承载着全新使命的“老变”激励着越来越多的电网人忠诚担当、守护光明！

第六节

506之魂：为国之崛起铸造“银”魂

1952年，随着抗美援朝的节节胜利，国家大规模经济建设开始起步，恢复国民经济任务即将完成，但松花江北岸地区几乎还是一片荒芜，松花江犹如天然的“封锁线”，隔断了南北两岸的均衡发展。与此同时，作为东北地区主要电源的丰满发电厂逐渐恢复发电，为了提高对辽宁重工业地区供电的可靠性，在新中国第一个五年计划期间，我国决定首次自行设计施工一条220千伏输电线路。

1952年7月，时任燃料工业部部长的刘澜波亲自带队到沈阳检查并批准设计，线路自吉林省中部松花江畔的丰满水电站起，至辽宁省抚顺市郊的李石寨一次变电站止，全长369.25千米，新建铁塔919基，预算总投资额近4000万元。该工程是我国“一五”时期156项重点工程之一，代号“506”。

2000多名施工建设者满怀**“对党的无限忠诚，对祖国的无限热爱，对美好生活的无限憧憬，对电力事业的无限执着”**，提前国家计划工期67天，于1954年1月23日，安全、优质、高效地完成了各项施工任务，将强大的电力输送到沈阳、鞍山、抚顺、本溪、大连、阜新等地，有力地促进了国家“一五”计划的全面完成。

“506”工程的成功建设创造了当时世界先进电压等级的一个奇迹，创造出了32项全国“第一”，大大提升了党和人民的士气，为新兴的中华人民共和国电网建设竖起了第一座里程碑，在国际社会主义阵营中引起了强烈反响，苏联《真

理报》在显著的位置对“506”工程做了报道；1954 年 2 月，由中央新闻纪录电影制片厂跟踪拍摄的《超高压送电线路架设完成》纪录片在全国公映；1955 年 2 月，国家邮电部为纪念“506”工程建设完成，发行了第一枚带有电网元素的特种纪念邮票，“四个无限”的吉送“506”之魂在当时的东北电业管理局送变电工程公司孕育出来。

对党的无限忠诚，就是“听党的话，跟着党走，领导干部下现场，政工骨干到班组，技术人员蹲工地，担大任，打硬仗，为党的事业鞠躬尽瘁的坚定信念。”

对祖国的无限热爱，就是“独立自主，奋发图强，支援抗美援朝，保障工业建设，为祖国争光，为民族争气，为新中国经济社会建设添砖加瓦的家国情怀。”

对美好生活的无限憧憬，就是“当家做主，改造国家，战天斗地立铁塔，跋山涉水架钢线，下尖刀也不走，顶严寒也不退，早日实现社会主义工业化的高度热情。”

对电力事业的无限执着，就是“依靠群众，深入钻研，老兵打，新兵看，不许流血，只许流汗，吃大苦，耐大劳，用双手把电站和工厂连接起来的理想追求。”

在“506”工程建设中，作为共和国输变电事业“长子”的吉送人依靠“四个无限”的吉送“506”之魂，出色地完成了党和国家交给的任务。从那时起，“四个无限”成了吉林送变电公司独特的企业文化符号，在企业改革发展70年的进程中，一代代吉送人担负起了我国电力建设的光荣使命，伴随祖国发展一同成长，无论是在高山大岭还是密林深涧，即便“一年出差一次，一次出差一年”，也没有丝毫动摇过吉送人为国家建设添砖加瓦的决心和意志。2008年，在湖南和贵州的“抗冰保电”战役中，吉送人发扬吉送“506”之魂，义无反顾地奔赴灾情一线，成为第一家进入抢修战场的外省驰援单位。在灾情最为严重的湖南郴州，吉送人用超常的耐力和韧性让共同执行支援任务的解放军某部队感叹“我们自称是铁军，吉林送变电是铁军中的铁军”。70年来，吉林送变电公司先后经历了11次更名迭代，唯一不变的是吉送“506”之魂的传承和发扬。

70年来，吉送人传承吉送“506”之魂，走前人未曾涉足的“盲区”，在国内外输变电行业均没有任何资料支撑的条件下，通过实践总结研发出了“内拉线抱杆组塔、倒装组立铁塔”等5项成果，在全国输变电行业中得到广泛推广应用，并在全国科学大会获得表彰。研发出的“150吨平板车”为国内大载重机械设备的研发开辟了先河。

70 年来，吉送人传承吉送“506”之魂，破施工错综复杂的“难区”，在囊括了我国电网工程建设的所有桩基开挖方式的三峡右岸内外七线路施工中，打造出了被业内称为电力送出项目“教科书”式工程。在绝美的米堆冰川，攻克各项技术难题，展现出电网建设者理念先进、技术科学、勇于担当、绿色施工的良好形象。

70 年来，吉送人传承吉送“506”之魂，闯突破生命的“禁区”，以“缺氧不缺精神，艰苦不降标准，海拔高追求更高”的“铁军”意志，在世界屋脊“五进五出”，先后完成了青藏联网工程、川藏联网工程、藏中联网工程、西藏措勤县 110 千伏输变电工程、阿里联网工程共计 5 条“云端上的电力天路”。

70 年来，吉送人传承吉送“506”之魂，吃苦耐劳、敢打硬仗、永不言败，踏遍祖国大江南北，以铁一般的信仰应对各种风险挑战，不负使命、履职尽责、披荆斩棘、逆势而上。在特高压铁塔上，“勇攀高峰”；在百米高空中，“丈步天涯”；在战疫复工中，“逆行而上”；在抗冰保电中，“昂首向前”；在“一带一路”中，“扬帆出海”。

70 年来，吉送人传承吉送“506”之魂，参加了我国 220 千伏及以上电压等级首个输变电工程的施工建设，用辛勤的汗水和智慧创造了诸多第一，书写了中国电网发展史上一个又一个奇迹，在新中国电网事业发展和电压等级提升的每一个台阶上，刻下了吉送人的殷实足迹。先后涌现出了“赛过黄忠的马老英雄”——马德元，“铁臂红心立塔人”——石国华，“铁塔大王”——乔学亮，“电网建设‘吉先锋’”——张运良等多个全国、省、市劳动模范和优秀共产党员。

70 年来，吉送人传承吉送“506”之魂，怀揣着“点亮世界每个角落”的信念，扎根松山沃土，抢险湘黔大地，踏上戈壁荒滩，征服雪域高原，戎马边疆建设，出师大洋彼岸，热血融冰吉林，共建成国内外送变电线路 640 余条，总长度 3 万 2 千多千米，变电站 370 余座，总容量 9 万 7 千余兆伏安，用实际行动担负起了“为美好生活充电，为美丽中国赋能”的光荣使命，践行了国家电网有限公司“人民电业为人民”的企业宗旨。

70 年来，吉送人传承吉送“506”之魂，践行“走出去”发展和“一带一路”倡议，施工足迹遍布世界四个大洲的24个国家和地区，依托电网建设、水泥制品生产与安装、电网基础设施建设等生产经营业务，在大洋彼岸擦亮了“JPPC”吉送品牌，被中华人民共和国商务部授予“对外承包工程先进企业”。

【延伸阅读一】

“506”工程建设纪实

1952年9月4日，东北人民政府工业部部长王鹤寿，副部长吕东、安志文、夏来云共同签署命令，以（52）工人干字第627号令，正式批准将原东北电业管理局的机电工程公司分解，成立东北电业管理局送变电工程公司（吉林省送变电工程有限公司的前身）和火电工程公司。由此，新中国第一支从事输变电工程施工的专业队伍正式组建，并迅速投身“506”工程勘测设计和施工建设当中。

1953年1月，东北电业管理局送变电工程公司成立了“506”工程指挥部，下设4个送电工程队、2个变电工程队，将12个工地分为4个班组，利用6个月的时间，组织各工种900余名工人参加技术培训，在培训中提出合理化建议130余条，并结合苏联专家的建议改进了施工方法。组织力量编制各种规程制度，在施工现场沿线400千米的铁路线上设立了19个材料保管站，确保工程于1953年7月15日正式开工。

“506”工程得到了各方的支持。在毛主席的亲自过问下，全国上下广开绿灯，鼎力相助，铁道部令工程沿线的铁路专用电话线为工程提供通信服务；凡涉及该工程人员、物资运输，铁路方面一律按战备军车调遣对待，车皮上均悬挂黄色旗帜，优先发送；凡佩戴“506”工程标志的施工人员乘车不必买票，且不管客车、货车、验道车均可乘坐。林业部、农业部在森林砍伐、护林防火、农田占用、房舍拆迁上都一路绿灯，沿线县、乡政府和广大人民群众都合力支持。

在基础施工阶段，工程指挥部组织在各个工种、班组、工地、工程队间广泛开展了热火朝天的爱国主义劳动竞赛。竞赛采取三日评比的方式，每晚用电话听取各工地的汇报，在保证质量与安全的基础上，确定优胜单位或班组，奖给优胜红旗。爱国主义劳动竞赛大大激发了工人们的劳动热情，工人们怀着“尽快送电，机器飞转，增加生产，支援前线”的强烈愿望，以饱满的热情和主人翁意识，参加到劳动竞赛当中，他们把得来的红旗插在施工现场或铁塔上，提出了“红旗插到哪里，我们就干到哪里”的响亮口号，掀起了比学赶帮、苦干实干的劳动热潮。

由于当时的运输条件有限，加上工程地形复杂，“506”工程建设者是通过人工手抬肩扛将塔材和工器具运到山上。回忆起当时的施工过程，工人们奋勇争先和不求回报的精神，给当时参加工程建设的代天利留下了深刻印象。他说：“在施工期间，每年有 12 天假期。但是，为了赶工期，大家都甘愿放弃假期，没有休息过一天。有的员工办事路过家门都没有进去看过一眼。1954 年春节，工人们都留在了工地，但没有一人抱怨，大家都觉得这是应该做的事情。”

组塔施工阶段，工程指挥部组织了 800 多名工人展开了组塔大练兵，老技工和技术员们研究创造出了多种组塔方法，并在施工过程中不断进行改进优化，组织力量编制出了各种规程制度。为了确保工程建设进度，即使冻雨天气，塔上附着冰凌，施工人员依旧不惧困难，通过双手拍打主材，增强身体血液循环，提高身体温度后登塔作业，仅用时 97 天，高效地完成了 919 基铁塔的组立施工任务。

架线施工阶段时处东北最寒冷的时期，由于当时施工技术有限，施工人员顶着零下 30 多摄氏度的严寒天气，等待指挥员发出信号后，几十个人口中喊着号子，肩扛同一根导线，人与人之间保持 10 米的距离，通过“耍大龙”的方式，人力牵引展放导线，放线队伍声势浩大，场面甚为壮观。

【延伸阅读二】

弘毅笃行　永传匠心

万千电网铁军，他是耀眼的技术尖兵；

攀登电网高峰，他用行动谱写辉煌；

破解世界难题，他不舍昼夜用心钻研；

扎根施工一线，他不断探索勇于创新。

他叫钱春年，1983 年 10 月出生，2008 年 7 月参加工作，本科学历，2013 年 10 月加入中国共产党，现任吉林省送变电工程有限公司试验室副主任。

青春不负韶华，实践铸就荣耀。说起从事电网建设工作的这 14 年，钱春华最大的感悟就是：值得！

自 25 岁入职起，钱春年便以专业专注的价值理念，勇挑电网建设责任与重担。14 年间，他的施工足迹踏遍吉林、四川、山西、福建、新疆、西藏等 9 个省份，参与了大大小小 27 项国家重点工程的施工建设，从一个初出茅庐的电网“新兵”，逐步蜕变成为电网建设领域专家，示范引领勇挑重担，带领“钱春年劳模创新工作室”团队解决多项技术难题，为专业技术发展作出较大贡献。2022 年以来，钱春年相继荣获吉林省“五一劳动奖章”、长春市“五一劳动奖章”、吉林省能源系统经济技术创新标兵、长春工匠、国网吉林电力优秀人才（首席工匠）、国网吉林工匠、国网吉林电力高级专家、国网工匠等荣誉。

他说：难怕什么，坚持就好了

满怀一腔热忱，心系电网建设。在钱春年的字典里，似乎从来没有出现过“难”这个字。

2008 年，吉林送变电公司中标向家坝—上海特高压直流输电示范工程 ±800 千伏复龙换流站工程电气 B 包，该工程当时是世界上第一条直流特高压工程，也是开工建设的世界上电压等级最高、输送距离最远、容量最大的直流输电工程，承担着我国能源西电东送重要任务。

钱春年明白，这次的任务是一项极具挑战的工作。为了各项试验工作的需要，钱春年提前深入了解各个设备的技术参数、查阅大量相关资料，结合工程实际特点编制完成第一部《±800 千伏电气安装交接试验组织设计方案》，为后续工作做好准备。

在试验过程中，钱春年发现电流互感器气室微水含量已经严重超标，不仅会影响实验数据，甚至能够直接导致施工过程出现问题。正当众人一筹莫展时，钱春年提出采用“实时监测，置换处理”的方法，记录数据进行分析。

当时的钱春年在一众老师傅面前只是一个“新兵蛋子”，他的方案虽看似可行，却也饱受争议。最终在钱春年的坚持下，众人决定选用个别组样本进行实验，在初试成功后，钱春年更是大胆提议将所有518个气室全部采用这种方式处理。这一次，钱春年得到了所有项目组成员的认可，此举不但大大节省了 SF_6 气体量，也使得气室的水分含量全部合格。

他说：他们叫我“急先锋”，那我不冲谁冲

2011年，吉林送变电公司承建了国家电网有限公司第一批500千伏智能变电站试点示范工程—长春南（金城）500千伏变电站。这是国家电网有限公司第一座智能化500千伏变电站，也是东北电网北电南送和吉林千万千瓦级风电基地外送通道上极为重要的枢纽站，其安全稳定运行关系重大。

作为吉林送变电公司现场调试负责人，这对于钱春年来说，是机遇，也是挑战。厂内联调、动模试验、现场调试……每一项繁杂的工作都需要钱春年亲力亲为。

那段时间，钱春年吃住都在站里，无论是白天黑夜，只要工程上的人喊一声“老钱”，钱春年总是会第一时间赶到。

从实验操作到设备保护，从异常查验到隐患排除，钱春年一次次在专业部门的配合下组织研究团队进行现场试验、理论计算和模拟仿真，制定试验方案，拿出具体措施，成功解决了电子式互感器数字采集卡抗特快速暂态过电压等强电磁干扰这一世界性难题，为变电站最终得以顺利投运节约了大量时间，并为后续国网智能变电站建设提供参考依据，加快了吉林省新一代智能变电站建设。

他说：吉送的特色，就是我的特色

2013年，吉林送变电公司协调500千伏串联谐振耐压系统和大型变压

器局放试验系统，钱春年带头成立特殊调试班组，圆满完成省内500千伏电压等级变电站现场特殊试验任务，顺利完成500千伏吉林东变电站、500千伏吉林南变电站、500千伏龙凤变电站、500千伏昌盛变电站、500千伏向阳变电站新建工程的特殊试验任务，为工程的顺利投运打下坚实的基础，为吉林送变电公司带来良好的经济效益和社会影响。

GIS设备投运前，需要精密的超声波诊断，检查GIS组合电器内部缺陷，每一次诊断就像医生使用听诊器对病人进行身体检查，通过身体内部特殊的声音确定病因一样，及时发现潜在的“问题”。经验、方法、部位对设备的准确诊断至关重要，钱春年在现场的摸爬滚打形成一套具有吉林送变电特色的检测方法，带领班组一次次完成变电站检测任务、确保新建工程顺利投运。

他说：创新嘛，就是敢想敢干

在同事们眼中，钱春年就是个“动手达人”，加上他爱钻研肯钻研的劲头，这些年，钱春年凭借所学专业知识自主研发的多项成果获得了较高荣誉，并已投入使用。

他研制发明的QCN-I放电计数器检测仪大大缩短了检测时间，替代以往利用手摇表的传统试验方法，提高了试验的自动化水平和工作效率。

渐渐地，钱春年拥有了更多志同道合的伙伴。由钱春年领衔的吉林送变电公司“钱春年劳模创新工作室”，在实践工作中积极发挥劳模、工匠带头示范作用，经常开展输电、变电、机械化施工专业课题研究。钱春年带领团队进行技术攻关，解决送变电施工过程中的多项技术难题，通过“师带徒”培养多名技术创新人才，推广普及先进的创新理念、技术、工艺、工法，为企业发展作出较大贡献。

近几年来，在钱春年带领下，团队取得丰硕成果，输电专业荣获专利10项、科技成果8项；机械化专业荣获专利12项、科技成果9项；变电专业荣获专利13项、科技成果12项。

面对累累硕果，钱春年始终以不卑不亢的初心，砥砺前行在创新创造的道路上。岁月更迭，初心不改，现在的钱春年，虽然已成为电网建设领域的行家里手，可他却依旧认为自己只是千万电网铁军中最平凡的那一个。每向前走一步，他都愈发坚定自己的脚步，感恩自己的选择。钱春年常说，做好现场调试工作，筑牢电网建设第一道防线，展现吉送铁军风采，做一颗普通的螺丝钉，这是他坚守一生的职责！

抗疫保电新作风：为国之发展斗志满腔

2022年初，吉林省经历了21世纪以来发生的传播速度最快、感染范围最广、防控难度最大的突发公共卫生事件。在这场艰苦卓绝、气壮山河的抗疫保电斗争中，国网吉林电力党委快速响应、果断部署、沉着应对，以“快、实、优、严、稳”工作总基调和“三四五抗疫保电工作举措”强化统筹；密集召开党委会、领导小组会、日例会67次，创新将安全生产标准化管控模式植入防疫全过程狠抓执行。

在总部各部门和10家兄弟单位的支援下，国网吉林电力各部门各单位迅速集结、击鼓催征、积极作为，各基层党组织尽锐出战、向险而行、顽强拼搏，广大党员不畏艰险、勇挑重担、冲锋在前，1.1万余名“集中在岗”和3.3万余名“居家办公”人员双轨奋战50昼夜，国网长春、吉林、延边供电公司等单位全面落实属地责任，做到了内部管控和一线防控“双牢固”、电力供应和优质服务“双保障”、电网运行和设备运维“双稳定”、职工关怀和家属关心“双温暖”，合力铸就了**“闻令而动、攻坚克难、坚韧坚毅、众志成城、守护光明”**的抗疫保电新作风，奋力谱写了弘扬伟大抗疫精神的精彩华章，赢得了省委省政府“电网公司出了大力、功不可没”“国家电网永远值得信任，永远值得尊敬”的高度评价。辛保安董事长在考察调研后给予国网吉林电力“政治站位高、大局意识强，工作作风实、大考冲在前，精神状态好、企业面貌新”的充分肯定。

【延伸阅读一】

奋勇当先 “疫”往无前
在危机大考中发扬抗疫保电新作风

2022年3月，为深入贯彻落实吉林省委省政府和国家电网有限公司党组关于疫情防控的决策部署，国网吉林电力党委精准把握疫情形势发展变化，按照“快、实、优、严、稳”疫情防控总基调，组建国网吉林电力抗“疫”工作队，工作队贯彻执行动态清零总方针，弘扬“闻令而动、攻坚克难、坚韧坚毅、众志成城、守护光明”抗疫保电新作风，发扬吉电铁军优良传统，精准施策、咬紧牙关、连续作战、一鼓作气，出色完成各项志愿服务任务，以实际行动生动诠释吉电人敢打硬仗、能打硬仗也能打赢硬仗的坚强品质。工作队始终坚持把全体队员安全放在首位，严格执行志愿服务管理“十到位”、队员“十做到”和行动指南“567”，最终实现“带着责任去、平平安安回”目标。收到清和街道感谢信一封，充分彰显“大国重器”的责任担当，奋力夺取疫情防控歼灭战最终胜利。

动态清零　快速集结
在疫情防控中彰显电网企业的政治担当

一是高度重视，组织有“力”。公司党委高度关注抗疫志愿服务工作，多次对抗疫工作队提出要求：公司积极响应省总工会号召，成立抗疫工作队配合开展志愿服务工作，不仅代表着国网吉林电力，更代表着国家电网有限公司和省委省政府，你们舍小家顾大家，挺身而出、积极参战，体现了公司职工的政治担当、无私大爱和高贵品格，是疫情期间公司最美的“逆行者”，要做到一切行动听从指挥，坚决做好个人防护，既要保证自身安全，又要出色完成抗疫志愿服务工作，充分彰显“大国重器”“顶梁柱”的责任和担当；公司相关部门和单位要做好防疫培训、物资保障、关心关爱、心理疏导和家属慰问工作，全力解决志愿者后顾之忧。

二是高效集结，行动有“方”。工作队秉持“严细实早”的工作作风，精细制定抗疫工作队志愿服务工作方案，明确“树牢安全第一底线思维、严明疫情防控纪律要求、彰显大国重器责任担当”三项工作原则。构建“1311”组织体系（1个党支部、3个党小组、1个抗疫工作领导小组、1个抗疫工作队），凝聚企业组织管理效能，牢牢筑起疫情防控一线的“红色堡垒”；明确工作队管理“十到位”和队员管理“十做到”的“双十”管控措施，确保工作队与街道社区无缝衔接和高效运转，始终保持战时状态；编制上岗之前“五必须”、工作牢记“六不准”、休息时间“七谨记”的“567”行动指南，坚决守住防疫志愿服务工作安全底线；明确“三独立、三服务”后勤保障举措，餐饮、住宿、防护做到独立分隔，培训、消杀、心理辅导服务到位，全方位保障队员以良好的身心状态投入抗疫一线。

三是高质服务，作风过“硬”。“社会面清零”意味着更加严格的社区防控措施，更加精细的网格化管理，更加紧张的工作压力。工作队尽锐出战、决战决胜，坚持做好“三独立、三服务”后勤保障，餐饮、住宿、防护做到独立分隔，培训、消杀、心理辅导服务到位，确保30名队员在个人防护上绝对不给社区和组织添乱。16名“80”后、12名“90”后队员义无反顾、冲锋在前，积极认领6个社区的志愿任务，严格开展核酸检测秩序维护、加强居家防疫的巡视和外出人员劝解等任务。特别是，在防疫管控值守工作中，通过主动宣传志愿服务、耐心普及防疫知识、代买代送物资等暖心举措，让社区疫情防控更有温度，用实际行动践行“困难面前有我们，我们面前没困难”的吉电铁军铿锵誓言。

攻坚克难　决战决胜
在打赢疫情防控阻击战中走在前作表率

一是党旗引领战“疫”路，勇担使命铸初心。抗疫工作队临时党支部作为建立在疫情防控最前沿的“红色堡垒”，始终把管好阵地、把好导向、建强队伍作为重中之重。充分发挥临时党支部的政治优势、组织优势和党员干部先锋模范带头作用，坚持全程跟进思想引导，组织召开临时党支部支委会扩大会议2次，第一时间学习长春市疫情防控最新要求以及省公司最新部署，积极响应省委组织部致全省各级党组织和广大共产党员的一封信，分析形势，精准部署，不断为超负荷作业的队员鼓劲加油，确保全体队员思想统一、方向一致、行动有力。及时引导在疫情防控中表现突出的先进青年积极向党组织靠拢，做好思想考察和教育，累计收到入党申请书

5份、志愿服务思想汇报4篇、个人感悟十余篇，迅速凝聚起共克时艰的强大思想合力。

二是急难险重在“疫”线，志愿服务争先锋。抗疫工作队尽锐出战，全方位配合社区实施“清零”行动，网格划分党员责任区，统筹服务疫情防控和居民生活保障。昼夜奋战，高质高效完成值守卡点、引导群众、搭建帐篷、配送物资等工作，确保社区疫情防控措施“最后一公里”的真正落实，齐心协力构筑起疫情防控的“铜墙铁壁”。截至3月27日，累计服务清和街道6个社区1460人完成核酸检测，劝返非必要进出群众578人、车辆226台次；深度融入全闭环线上采购、无接触配送链条，全力守住社区居民“菜篮子”，搭建物资配送点帐篷12顶，投送蔬菜包29985斤，为危急病患购买药品1次，让疫情防控有力度、有速度，更有温度。工作队志愿服务得到了吉林省能源工会、朝阳区相关领导的高度认可，收到清和街道感谢信1封，充分彰显“大国重器”的责任担当。

三是关心关爱暖“疫”线，同心抗“疫”聚合力。国网吉林电力各部门和各单位党委高度重视抗疫工作队后勤保障工作，持续丰富关心关爱方式，强化线上培训指导，积极开展心理疏导，配齐配足防疫物资，让每一名队员真真切切地感受到国网吉林电力党委的关怀和温暖。工作队严格执行“三独立、三服务”后勤保障举措，餐饮、住宿、防护做到独立分隔，培训、消杀、心理辅导服务到位，每日开展全员核酸检测1次、抗原自测2次，有效提升个人安全防护能力。针对队员们连续高压力、高强度、高风险的超负荷作业情况，临时党支部加强统筹，合理排班，组织开展蹲点指导、谈心谈话、送上生日“长寿面”等活动，充分缓解队员们身体劳作和心理紧张的双重压力，确保全体队员以更饱满的热情、更扎实的作风，展现吉电人的过硬素质和良好形象。

动员、集结、冲锋，工作队始终坚决与国网吉林电力保持上下一条心、拧成一股绳，吹响“动态清零”集结号，决战决胜“社会面清零”目标，在疫情防控志愿服务大战大考中奋力交出优异答卷。

【延伸阅读二】

抉择

2022年3月1日中午，刚走出长春考场，江恒就发现天空飘起了雪花。趁着雪还不大，高速还通，江恒决定抓紧时间回珲春。

上了高速，江恒接到了一条不好的消息，珲春市发现1例新冠肺炎确诊病例，政府紧急升级管控措施，车辆、人员只能进不能出。

回还是不回？需要抉择。

2020年湖北武汉疫情，把江恒和爱人孩子分隔在珲春、湖北两地，江恒选择了坚守岗位。江恒的老家是湖北，珲春是他的第二故乡，这里不但有他的家人，更有他奋斗的理想和青春。没有犹豫，江恒选择了勇毅前行。晚上7点多，江恒终于赶回了珲春。

下了高速，江恒直奔单位，整栋办公楼灯火通明，班里却一个人都没有。通过电话了解，全市现有42处核酸检测点需要接通临时电源，班里人员按照分片正在各个检测点忙碌。

“我回来了，哪块需要我帮忙，我马上赶过去！”江恒立即联系配电专工范海龙。“恒儿，你电话来得可太及时了，现在正缺人呢，体育场电源现在急需改造，你赶紧过来看看现场！”还没吃晚饭的江恒瞬间有了目标，立即奔赴现场。

还没下车，远远地就看到范海龙和同事们正在讨论。经现场勘查和领导确认，体育场需要两进两出以上规格环网柜，高压电缆500米，电缆终端头4套。随即，他到仓库挑选合适的环网柜、高压电缆、低压电缆及相关附件，考虑到现场高压电缆无敷设通道、环网柜无基础等问题，他又马上准备枕木、实心砖、铁线、松花杆、围栏等，当把所需安全工器具和材料都带到现场，已经晚上11点了。

寂静的夜里，江恒肚子中传出“咕咕”的叫声，同事们都劝他抽空先垫垫肚子，可哪有时间。为赶在核酸采样检测车到来前完成此项作业，兄弟单位——国网珲春市供电公司也紧急前来支援。根据施工方案，现场要先完成高压侧电缆、环网柜架设和安装，待8辆核酸采样检测车抵达后，再安装低压侧电缆和配电柜。

江恒交代好现场安全注意事项，布置好安全措施后，11 时 15 分，接引工作正式展开。

先是监护环网柜的起吊、落地工作，在环网柜落地坐稳后，江恒带领现场人员一起敷设近 200 多米的高压电缆。一队负责 4 个高压电缆终端头的制作和安装，一队负责对 10 千伏环亚甲线盛世分 20 号路灯跌落式熔断器、路灯环网柜 2 号出线间隔高压熔断器进行更换，并将 30 余根松花杆紧紧绑在电缆两侧，确保电缆通道固定。

直到次日凌晨 0 时 15 分，在两家单位的共同努力下，圆满完成了体育场双电源环网柜 3 号间隔高压熔断器更换，体育场双电源环网柜顺利在核酸采样检测车抵达前送电成功，所有作业人员都不由得长长舒了一口气。

由于检测车到达后还需要开展低压侧电源接入，江恒一行还不敢懈怠。作为一名湖北人，他清楚知道疫情处置的紧迫性，作为一名党员，他更知道这次任务的重要性。

3 月 2 日 0 时 30 分，核酸采样检测车抵达现场。江恒匆匆灌了个水饱，就再次忙碌了起来。“咱们班可是党员示范责任区，关键时刻，可千万不能掉链子啊。”因为停车的具体位置和接线点没有提前确定，他只能根据现场实际对原方案进行修改，并第一时间联系班里所有人员到位。

经过三个小时的努力，低压电缆放了 600 多米，电缆分接箱安装了 8 处。终于在 3 时 48 分完成核酸采样检测车接电工作。回到单位，已经凌晨 4 时 30 分了，江恒才有时间打开微信，看到妻子前一天晚上发的“啥时候回家”的未读消息。

“还好我和媳妇是一个单位，了解咱们的工作性质，不然还不好解释呢……”

只在单位沙发上躺了会儿，不到七点，江恒就强迫自己清醒起来，开始安排前一天晚上因未出核酸结果而不能出小区的师傅们开展巡视，派发 App 巡视工单，要求重点巡视 10 千伏环亚甲乙线。同时，他还要与前来支援的长春、延吉保电团队一起，对体育场 1 号配电室工作环境进行勘查，与核酸采样检测车商讨发电车串入低压系统时间和方案。

2日晚上9时左右，江恒得到了现场应急指挥部下达的命令，备用发电车计划于3日4时至7时接入系统，这段时间正好是珲春市第一轮核酸检测结束的空隙，影响最小。而且，领导们一致认为：把这项工作交给他——放心！就这样，江恒又埋头开始准备物料，模拟演练，一套工作下来，又到了晚上11点半。

此时的江恒走路已有点虚浮，膝盖也肿了起来，手表提示当日行走24000多步。他自己却不在意："这比红军长征的苦还差得远呢！"

3月3日凌晨2时50分，江恒就带领着班里的工作人员到了现场，4时准时开始双电源线路核相，确保进入带电车的两路电源相序相同。随后，拆除体育场1号配电室原1号变压器至低压主受开关的母线，使用发电车电缆替代。5时18分，作业人员提前1小时42分钟完成安装任务。6:58，应急电源顺利完成切换试验。

原以为接引工作结束后可以轻松一下，没想到，报修电话又响起。3日22时刚过，值班人员就接到管控小区的故障报修。江恒迅速与社区联系，在充分说明了居家隔离期间电力安全可靠供电的必要性与重要性后，防疫人员经过慎重考虑，终于同意他们可在做好消杀措施后进入。

江恒通知客户不见面修理，不要出门。一切准备就绪，他和班员姜哲、邵喆魁穿好防护服，戴好护目镜、一次性手套、鞋套，在距离小区100米时提前下车，按照防疫人员的要求，进入小区后每走一步都要喷洒消毒液，到达故障点后快速解决了问题。3月4日上午，江恒又处理了一处高压导线落异物事件，下午配合国网珲春市供电公司对方舱医院发电机进行检查；晚上又安排三人对6条线路、39个节点进行夜巡、红外测温及带电局放检测……

"疫情一刻不停，我的工作就一刻也不能停。"这是江恒作为一名党员的抉择。

阅读思考

1. 当代青年应该如何自觉践行与弘扬五四运动精神？
2. 如何理解劳动精神、工匠精神与劳模精神内在的统一性？
3. 青年劳动模范给你的启示有哪些？

第七章

修身：锤炼意志品格为人生护航

新时代中国青年要锤炼品德修为。人无德不立，品德是为人之本。止于至善，是中华民族始终不变的人格追求。我们要建设的社会主义现代化强国，不仅要在物质上强，更要在精神上强。精神上强，才是更持久、更深沉、更有力量的。青年要把正确的道德认知、自觉的道德养成、积极的道德实践紧密结合起来，不断修身立德，打牢道德根基，在人生道路上走得更正、走得更远。

——习近平在纪念五四运动 100 周年大会上的讲话

内外兼修，夯实健康之基

2021年4月19日，习近平总书记在清华大学考察时指出，“要锤炼品德，自觉树立和践行社会主义核心价值观，自觉用中华优秀传统文化、革命文化、社会主义先进文化培根铸魂、启智润心，加强道德修养，明辨是非曲直，增强自我定力，矢志追求更有高度、更有境界、更有品位的人生”。

青春，充满了力量，充满了期待，充满着求知和斗争的志向，充满着希望、信心。青年员工正处于人生最黄金的拼搏年龄，这一阶段无论是身体、能力、思维都处于高峰期。青年的成长是一场需要亲力亲为的跋涉，不能停下向前的脚步，要内外兼修，外练筋骨皮，内练精气神。

勤修己身，保证“体魄健康”

身体是革命的本钱。习近平总书记曾说：“年轻人不要总熬夜。那个时候我年轻想办好事，差不多一个月大病一场。为什么呢？老熬夜。经常是通宵达旦干。后来最后感觉到不行，这么干也长不了。先把自己的心态摆顺了，内在有激情，外在还是要从容不迫。”

青年员工要为身体装上“安心锁”。俗话说健康是“1”，财富、智慧、能力等是“0”，只有拥有健康的身体和充沛的精力，才拥有奋斗和努力的资本。当前，青年员工是社会发展中坚力量，实现国网战略目标征程中的生力军。在这个过程中，拥有一个健康的身体必不可少。只有拥有健康的体魄，才能从容应对工作和人生遇到的一个又一个挑战和机遇，才有能力去赢得认可。因此，要重视身体健康，加强身体锻炼，让自己成为一个健康的人，为人生未来发展安上一把“安心锁”。

勤修己心，保证“心理健康”

青年员工要让心里充满“阳光”。习近平总书记指出：“青年的人生之路很长，前进途中，有平川也有高山，有缓流也有险滩，有丽日也有风雨，有喜悦也有哀伤。心中有阳光，脚下有力量，为了理想能坚持、不懈怠，才能创造无愧于时代的人生。”这既是在引导青年客观认识人生之路的曲折坎坷，也是在引导青年形成良好的社会心态，积极面对人生挫折。当代青年普遍具有较高程度的文化知识水平，思想相对独立，但部分青年社会责任感以及国家和民族使命感较弱，生活与工作中的压力大、焦虑感强。富有探索精神、批判精神，但同时也存在着价值观、道德观偏离等问题，容易受到社会不良风气的影响。青年要树立远大的理想抱负与正确的政治信仰，培养健康、良好、自信、理性的社会心态，在学习与工作中勤奋踏实、努力奋进、戒骄戒躁，不断为国家富强与民族复兴奉献青春和智慧。

勤修己行，保证“德才健康”

青年时期要砥砺意志品格。习近平总书记曾经寄语青年，青年时代，选择吃苦也就选择了收获，选择奉献也就选择了高尚。理想信念是青春远航的动力引擎。要坚持追求真理和进步，始终对党充满信心，矢志要为群众办实事。艰难困苦是砥砺青春的“磨刀石”。逆境最能检验一个人的意志和追求。变挫折为动力，用从挫折中吸取的教训启迪人生，使人生获得升华和超越。勤学实干、创新创造是青春飞扬的通行证。基层一线是了解企情、增长本领的最好课堂，是磨炼意志、汲取力量的火热熔炉，是施展才华、开拓创业的广阔天地。青年员工要克服“本领恐慌”，多经历一点摔打、挫折、考验，有利于走好一生的路。

青年员工要历练宠辱不惊的心理素质，坚定百折不挠的进取意志，保持乐观向上的精神状态，在生活、学习、工作中落实勤学、修德、明辨、笃实的宝贵品质，让自己的良好品行形成社会价值，让自己人生的第一粒扣子闪烁着明理、修身、拼搏、爱国的光辉。

【延伸阅读】

网聚职工正能量 争做中国好网民

在作业现场，他是独当一面的检修卫士；

在抗疫一线，他是传递正能量的青年榜样；

在宣传阵地，他是把电力人的故事写成歌谣流传四方的创作达人。

他是国网吉林电力青年记者站的常务副站长高启迪，2020年被共青团中央评选为第四届“中国青年好网民”。入职六年多，在现场摸爬滚打练就一身过硬技术的同时，他喜欢将工作中的点滴感悟创作成文化作品，将自己在电网一线中的所见、所感创作成脍炙人口的网络文化作品，将电力人的故事讲给更多的人听。

2017年的夏天，高启迪有一次检修作业连续出差近一个月没有回家，每天紧张忙碌的检修工作使刚参加工作的他对电网工作者这个身份有了新的认知和感悟，最后一天送电到后半夜凌晨才结束。在回家的路上，他眼前闪过无数作业现场的画面，灵感瞬间涌上脑海，于是当天晚上创作出了歌曲《光明的坚守》，发布之后得到了众多电力小哥的称赞。

2019年的一个冬夜，下班回家的路上，他看见几名电力小哥在街角围着电线杆正在进行抢修作业，不自觉想起往常自己半夜前往变电站处理设备异常的画面，当时正值《野狼DISCO》风靡之时，于是索性将自己的抢修故事和《野狼DISCO》的旋律融合。12月25日，《野狼DISCO（电力抢修版）》单曲及MV在QQ音乐、今日头条等多家网络主流媒体上线，获得《野狼DISCO》原唱宝石Gem口播推荐，创造单日32万点击量，同时还得到共青团中央微博、团吉林省委抖音、快手App等媒体平台及社会各界媒体的发布与好评。

高启迪创作最大的特点就是真实，他只写自己看见的身边事。“不要害怕，电力人保护大家，管它黑夜白天还是那雨雪风沙”。歌词里描写的，正是国网青年守护万家灯火的那份满腔热血和青年初心。

在庆祝新中国70华诞之际，高启迪接到了一个特殊的“任务”——代表国网吉林电力参加吉林省直机关团工委主办的“青春心向党、建功新时代、我爱你中国”青年文艺汇演。在他创作并参演的舞台剧《遇见天眼》中，他跨越50年的年龄跨度饰演天眼之父南仁东。他通宵排练，只为将“人民科学家”南仁东老先生建造大国重器的曲折经历精彩演绎，演出现场经吉林省电视台网络播出后受到社会各界一致好评，极大程度向公众传递了人物楷模的先锋力量，引领新时代青年以建设美好家园为荣，以服务和谐社会为美，抵制“网络垃圾”，弘扬青春正能量。

2020年3月1日凌晨，茂胜500千伏变电站设备出现危急异常，该故障将直接影响丰满水利发电厂的电力外送，对吉林省500千伏网架影响巨大。面对疫情防控和现场复工的双重挑战，他自愿与其他几名青年专业骨干组成青年突击队，顶着零下20多摄氏度的严寒，穿着厚重的棉工装，每天在室外连续工作10小时以上。为保证工作质量，他们放弃了周末，也放弃了劳动节假期，最终将所有缺陷全部消除，成功守护电网安全。

新冠肺炎疫情期间，他以保电人员和现场记者的双重身份加入作业现场青年突击队中，成了一名电网“逆行者”。他白天积极参与保电工作，晚上撰写抗疫保电纪实、新闻稿件，剪辑防疫故事等。

有人问他：“你创作的动力是什么？”高启迪说：“电网一线的工作真的很辛苦，但是也很伟大。我要做的就是将这些不为人知的电网故事讲给更多的人听，让更多的人来了解什么是真正的‘电网人’。”

第二节

饮水思源，怀抱感恩之心

习近平总书记在纪念五四运动100周年大会上的讲话中指出：“面对美好岁月，要有饮水思源、懂得回报的感恩之心，感恩党和国家，感恩社会和人民。要在奋斗中摸爬滚打，体察世间冷暖、民众忧乐、现实矛盾，从中找到人生真谛、生命价值、事业方向。”

山感地恩，方成其高峻；海感溪恩，方成其博大。古人云：滴水之恩，当涌泉相报。当一个人懂得感恩时，便会将感恩化作一种充满爱意的行动，实践于生活中。感恩是一种责任、自立、自尊和追求一种阳光人生的精神境界！感恩是一种处世哲学，是一种生活智慧，更是学会做人，成就阳光人生的支点。很多人、很多事不顺畅、不通达，均源于不懂感恩、不愿感恩。乌鸦尚有反哺之义，羊儿尚有跪乳之恩，不懂感恩，就失去了爱的基础。生活中只要我们懂得感恩，人与人之间就会充满友善，世界就会更加灿烂，生活就会拥有更多温馨。

感恩党，给了我们幸福的生活。没有共产党就没有新中国。我们伟大的祖国由千疮百孔到站起来、富起来、强起来，发生了巨变。新时代目标更伟大、任务更繁重、挑战更艰巨，更需要我们倍加热爱、倍加呵护、倍加建设，这是青年一代建设者的使命和责任。青年是国家的未来和希望，要加强理论和历史知识的学习，在常学常新中加强理论修养，在真学真信中坚定理想信念，在学思践悟中牢记初心使命，在细照笃行中不断修炼自我，保持对党的忠诚心、对人民的感恩心、对事业的进取心、对法纪的敬畏心，做到信念坚、政治强、本领高、作风硬。

感恩父母，给了我们生命。父爱如山，博大深沉。母爱似水，细腻温柔。孟子曾说：“不得乎亲，不可以为人；不顺乎亲，不可以为子。”不懂得孝顺父母的人，就失去做人最起码的资格。父母细心呵护我们成长，精心无私的养育，不离不弃的陪伴，毫无保留的支持给了我们无穷动力。父母，是我们一生中最亲的人，值得我们用尽一生去守护他们。

感恩老师，给我们传播知识。“春蚕到死丝方尽，蜡炬成灰泪始干。”老师，是美的耕耘者，美的播种者，他们用美的阳光普照园圃，用美的雨露滋润幼苗。“师恩深处最难忘。”正因为有了老师的辛勤耕耘、灌浇，才有了桃李的绚丽，稻麦的金黄。“执一支粉笔，娓娓道来写春秋；挥两袖清风，侃侃而谈论古今；步三尺讲台，呕心沥血绘蓝图；育四季桃李，鞠躬尽瘁苦耕耘。”这副对联说的就是可亲可敬的老师。我们要感恩人生中的老师、工作中的师傅对我们的教育、引导，教会我们知识、技能，让我们拓宽眼界，增长学识，成为一个有用的人。

感恩公司，给我们平台成长。感恩于公司，是一种大恩回报。知大恩者，才有大境界，才不会忘其根本；知大恩者，必以坚忍不拔之志毕其一生拼命干事创业，才会有大贡献大作为；知大恩者，才有大智慧，才会在危急紧要关头多一些正气，多一分担当，少一些依赖，少一分顾虑。公司为我们创造了工作、学习、生存的环境，让我们努力追求个人梦想，实现自我价值。所以，要学会感恩公司，竭尽所能为公司的稳步发展作出自己应有的贡献。心存感恩，也会让我们的生活和工作充满更多的阳光与快乐。

感恩同事，与我们并肩战斗。一个人就算是再有能力，力量也是有限的，只有把自己融入集体，犹如一滴水汇入长江大河，才能够使自己的力量得到最大程度的发挥。在工作中，只有怀着感恩之心，和同事打成一片，相互帮助、相互照应，才能形成巨大的合力，在合作的基础上达到共赢的目的。要营造“为他人鼓舞喝彩，为自己鼓劲加油”的良好氛围，携手同心，共创业绩，共享成果。

感恩朋友，对我们的陪伴。朋友是永远的财富。朋友之间可喻为雨中的伞、指路的灯。同学、同事，乃至儿时的小伙伴，都曾结下深厚的友谊，都能成为珍贵的朋友，都应当珍惜、珍视、珍重。人生交到好朋友，是我们的幸福，有朋友陪伴着我们一起畅聊人生，一起为理想而奋斗，在自己孤独无助的时候，有朋友给我们安慰。

人生有太多的风雨与坎坷，有太多的悲伤和惆怅，太多人感慨阳光的短暂、幸福的吝啬、现实的惭愧、梦想的遥远。但只要我们拥有一颗感恩的心，世界就会因此而变得美好。心存感恩的人，才会朝气蓬勃，豁达睿智，才会逢凶化吉，远离烦恼，好运常在。

【延伸阅读】

在平凡中绽放

王洋，中共党员，蒙古族，2015年从湖南工学院毕业到国网辽源供电公司参加工作，从东丰县配电抢修工成长至人资专责。他是一名普通抢修工人，双脚走过县城每一寸土地；他怀着一颗赤子之心，终在舞台一角绽放；他立志身体力行做好一个人的榜样，心怀希望，相信光明。他说，回想起八年来的工作时光，很充实也很感恩，他在岗位帮助着每一个曾如他的人。

初来乍到

工作不久，王洋遇见了第一块指路牌，是班长和他的一次长谈，班长说："谁规定你只能接电话？一楼抢修，二楼营销，三楼运检，这么综合的舞台，其他地方都没有，年轻要多学点，不必仅盯着眼前这点活儿。"对啊！谁规定一个岗位只能做一件事呢？于是，王洋的生活开始变得丰富起来，开始在每个楼层中奔跑，打印、传递文件，查询电费余额，PMS系统核对，去生产现场，年底为生产、营销的工程档案归档等，很快就拥有了一群志同道合的同事、朋友，告别孤独，很充实也很有意义。他走向下一个转角，新岗位"配电抢修工"。

大年三十

在配电抢修的四年，王洋跟师傅走过东丰每一条胡同，一直在做一件平凡的小事，365天让百姓有电用，少停电。一个冬天的晚上，王洋和师傅接到报修，文成银河湾小区2号楼全户停电。一下车，雪花逆着手电格外明显，顺着安全帽钻进脖子里，特别冷。他第一次亲手换完故障开关，看着老人和孩子来电后的开心，虽然冷，但是心里暖暖的，特有成就感。这是抢修中最平凡的一幕，抢修队伍人员从没有过年过节，一值班就是24小时，离家一天一夜，无论雨多大，雷多响，有故障就必须45分钟内赶到客户面前。赶上年三十自己在单位，他听着鞭炮声声，看着万家灯火，和父母、爱人视频，说吃说喝，说保重身体，唯独不敢说“想家了！”。在配电工作五年多，王洋就回内蒙古老家过过一个年，有时做梦都想，啥时能再回内蒙古过个春节。可长大了就有责任了，他自己在春节保供电，看着灯火通明，相信也一定有一群人在守护远在内蒙古的父母。

丰富多彩的尝试

舞台和科技创新让王洋找到了工作的快乐，他不断地尝试，积极参加每一次公司活动，征文比赛、党史知识竞赛、班组大讲堂、朗诵、讲故事等，甚至还参加过天津快板，数不清上过多少次台，因喜欢而一直坚持。2018年，王洋用一线真实抢修经历参加“学习张黎明个人演讲比赛”，获得省公司三等奖。历时一年时间，王洋和同事们一起自主研发的科技成果“新型闪光防盗电缆标桩”走上省公司的舞台，获得省公司运检职工创新大赛三等奖，第四届省公司青创赛铜奖。2019年，王洋获得了国网吉林电力“五四青年岗位能手”，2020年获吉林省电力科学技术进步三等奖，2021年撰写管理类学习创新机制项目“让网络大学因你而智能”获国家电网有限公司前六名。

一份取舍

2019年2月22日，王洋的儿子出生，出生的第二天收到两则消息。一是省公司兼职培训师竞赛提前，需要尽快封闭集训，二是小孩可能严重ABO溶血，需要立刻去吉大医院化验。公司给他延长了产假照顾孩子，可他前年就答应了要去省公司参赛，3500道题，如果临时换人，那成绩一定不理想。他得到了爱人的支持，在医院走廊租个床位，白天照顾母子，晚上在医院走廊看题库。出生第五天，儿子病情稳定，王洋从医院直接赶往长春。当王洋站在全省第一名的奖台，心里只想“要做儿子的榜样”。多年来，终于从全省三等奖走至全省第一名的成绩，并被授予国网吉林电力岗位技术能手称号。

自我蜕变

2020 年，怀揣着感恩之心，从配电抢修工走到培训管理岗位，三年来，王洋组织上千名职工参加技能等级评价考试，提升职业素养；建设实训基地，提高职工专业能力；开展特色冬训活动，获省公司党书记批示；作为兼职培训师在网络大学上传精品课程；连续两届担任吉林省参加“中电联”兼职培训师竞赛教练，均获全国团体二等奖。有人问：“为什么总能在加班的队伍中看到你?”他回答：“饮水思源，不忘育恩，我能做的就是把岗位之事做好。这个点，天是黑的，心是亮的。”

在王洋办公桌前的抽屉里，他珍藏着三个红本：国网吉林电力优秀共产党员——是一名合格的中国共产党党员；国网吉林电力兼职培训师第一名——是儿子的榜样；国网吉林电力青年岗位能手——没有虚度青春。王洋说：“回想起来，现在我的心情是充实而感恩的，谢谢那些曾经帮助过我的人，我会朝着既定目标，心怀希望，勇往直前。”

第三节

恪守正道，绷紧自律之弦

习近平总书记在庆祝中国共产主义青年团成立100周年大会上的讲话中指出："要涵养廉洁自律的道德修为，心有所畏、言有所戒、行有所止，不断锤炼意志力、坚忍力、自制力，做一个一心为公、一身正气、一尘不染的人。"

守住底线，保证"清廉健康"。新员工在平时工作和生活中要养成良好的习惯，明辨是非、恪守正道，学会拒绝诱惑，坚决抵制腐败，及时扭转不良的思维导向。

天下大祸，莫大于不知足。一个人私欲膨胀，廉洁自律不过关，做人就没有骨气。苏格拉底说："想左右天下的人，须先左右自己。"自制是最强者的本能。实际上，做人做事的基本道理，每一个成年人都懂得，但能不能按照这个道理去做，就取决于自制力。当前社会环境复杂，每个人面对的诱惑也越来越多，作为职场新人，更需要耐得住艰苦，管得住小节，挡得住诱惑，守得住清白。树立底线思维、红线意识，不该说的不说，不该拿的不拿，不该伸的不伸，不断增强自制力，时刻做到慎独慎微。切忌眼高手低、心高气傲、好高骛远，当才华还不能符合自己的目标和追求时，要静下心、沉住气，从小事做起，逐渐磨练干事创业能力。

"合抱之木，生于毫末；九层之台，起于累土"。青年员工要坚定积土成山精神，一步一个脚印，着手从小事做起，耐心、细心加恒心，一点一滴做好本职工作，从细微之处培养优良作风，强化规则意识，久久为功，珍惜韶华，不负青春，高标准要求自己，将自己锻炼为有理想、有本领、有担当的国网青年，担负起时代赋予我们的重任。

【延伸阅读】

用勤奋与责任谱写青春之歌

丛犁，工作12年来，在系统通信专责的岗位上，用坚持与付出画出了灿烂的人生轨迹，用勤奋与责任唱响了青春之歌。她曾获评国家电网优秀共产党员、劳动模范、国网工匠等称号。

既然选择了远方，便只顾风雨兼程

人生如登山，在山路崎岖时，走的每一步都不轻松。在决定考取博士时，丛犁便坚定了信念，那便是在挚爱的信息与通信系统专业上展现才华，即使前路漫山的云雾阻挡了视线，但却阻止不了她坚定前行的脚步。

2011年，博士毕业的丛犁来到国网吉林信通公司，她深知理论与实践还存在一定的差距，也深知学历并不代表能力，并不因自己是博士而感到骄傲。工作中，她认真向身边的同事学习，留意各个工作细节，经常从老师傅们那里"偷学"各类知识与操作技能。今天，面对众多荣誉，她说："我的成长，离不开领导与同事的帮助与带动，我的荣誉是大家的。"

作为部门里为数不多的"金花"，她带着巾帼不让须眉的韧劲在男人堆里打拼，早早地便能独当一面了。在各类通信系统检修操作时，往往都是深夜零时开始，而当操作结束时，天已经亮了。对此，丛犁并没有觉得辛苦，因为她看到那些年纪较大的老同志也在坚守。她想，每次深夜操作中那长明的灯光，都像是航标照在自己职业生涯的路上，每次当自己彷徨时，那灯光与同事的笑脸像火炬一般照亮她的心房，让她知道前行的方向。

勤奋在左，责任在右

工作12年来，丛犁组织完成的省内大中型通信系统建设项目40余项，她负责提供项目实施可行性及设计建议、参与工程设计评审、工程建设管理、工程进度跟踪等工作，编制系统工程的投运方案，组织协调人员及开展设备软硬件安装调试，确保各项工程顺利通过审查及验收。

在国家电网有限公司省级及以下数据通信网优化整合改造工程中，丛犁与同事们率先完成工程一阶段各项工作，得到国网项目组的高度认可。为做好吉林省电力调度楼通信系统建设工程，丛犁和同事克服了施工难度大、工期紧、影响上级业务多等困难，提前组织开展搬迁过渡设备的安装及单站调试工作，确保过渡设备运行可靠；对影响国网业务的检修安排过渡期运行方式并报上级审批；对于临时运行方式进行系统测试并仔细部署应急预案及系统回退方案。她主持的各项措施保障了各系统检修均一次通过，受到了上级的高度评价，成功保障了吉林省调度通信楼搬迁期间各业务系统的平稳、安全过渡。2017 年，她组织完成全省电力通信数据网县级 2000 余站点业务接入工作，极大提升县级通信网的承载能力。

组织完成吉林省电力通信骨干网一网西部及长春本地网完善工程，建设长春本地 10G 环网，极大地提升了网络传输容量及运行可靠性，为后续东部及南部网改造积累了经验。220 千伏高集岗变—220 千伏磐石变、220 千伏汽车变—500 千伏金城变新建 OPGW 光缆工程、金城变 220 千伏疏通工程，新增省骨干东部网、本地网与南部网之间的光纤通信电路，有效解决了省网跨区域带宽瓶颈问题。220 千伏高东线、220 千伏公四线、220 千伏通金线地线更换 OPGW 光缆建设工程，项目建成通化地区两个环网路由，提高了通信网络运行的可靠性。国网一级网通信系统网络结构优化工程以及东北分公司 500 千伏蒲梨线、500 千伏梨合线光缆建设工程，有效解决了一级网吉林区域部分传输段单路由问题。

2014 年，国家电网有限公司开展数据通信网络建设工作，这对于通信专业来说是一张全新知识体系的网络。作为专业技术骨干，丛犁重拾读博时期的学习劲头，白天跑遍各变电站配置设备数据，晚上埋头苦学数据通信网知识。在狭小的通信机房通道里，熟悉的设备与线路不知看了多少次。每当有同事问她机房里面设备情况时，她都能快速准确回复。大家经常说她是国网吉林信通公司的“最强大脑”，其实哪有什么“最强大脑”，一切都是“熟能生巧”。正是大家的钻研与坚持，使公司在国网范围内率先完成了网络改造，并收获了国网总部的感谢信。通过参与上级重要业务调试及工程建设经验交流，对会上提出的问题，她会后利用仿真软件反复试验，日复一日地探索，终于得到了成功。丛犁带领团队提出的一项关于出省路由聚合的技术典型经验得到上级单位认可，并在国网系统进行推广。

2016年，丛犁接到了打通县级及以下供电优质服务“最后一公里”的任务，与家人简单商议后，刚刚休完产假的她自愿放弃休假和节假日，带领团队坚守在一线反馈信息、做好服务。儿子生病，家里怕她分心，瞒着她。在团队共同的努力下，她仅仅用时4个月，完成了全省2000余站点上万条业务接入工作。记不得有多少个在外奋战的昼夜，但业务贯通、排障成功后的兴奋仍时常涌上心头。凭着兢兢业业的工作态度，她很快成长为专业骨干力量，在通信数据网工作方面，逐渐从参与者变成了管理者、从实施者变成了设计者，国网吉林电力通信拓扑图的每一条线她都记得清清楚楚，每一寸光缆都凝聚着她和同事们的心血。

2017年，33岁的丛犁作为最年轻的专家代表国网吉林电力牵头组织编制国网工作数通专业两部规程，填补了相关标准的空白。2018年，受国网信通部工作安排，她作为国网专家组三名成员之一，赴国网甘肃电力督导数据通信网设备故障原因排查及诊断分析工作，获得国网信通部对个人工作的表扬信及对专家实战型人才的高度认可。2019—2020年，她作为专题组组长，代表国网吉林电力（唯一牵头省公司单位）组织完成国家电网有限公司调控中心2020年重点工作任务“十四五”通信网规划专题研究工作。古语有云：行之苟有恒，久久自芬芳。自她踏入国网的那一刻起，从未降低过对自身的要求。追求卓越，努力奋斗，是她永恒不变的信念。

学贵有恒，钻研无止境

“把责任心融入工作中，你会觉得工作是一件快乐的事。把学习融入实践操作中，你也会觉得学习是一件幸福的事。”对待工作与学习，丛犁如是说。

12年间，丛犁累计获得各级奖励及荣誉86项、国家专利授权20项，发表科技论文40余篇。她也从一名专注理论的“学术控”成长为通信专业管理人才。在她的带领下，丛犁劳模创新工作室20多名成员获得各类荣誉奖励400余项。

2017年兼任国网吉林信通公司代理团委书记，组织了“信通公司助力青年成长”主题团日以及“青春光明行”活动，组织策划公司第三届青创赛，参与省公司青创赛活动方案、启动会会议材料的编制；国网吉林信通公司8个项目在省公司决赛中获金奖项目2项、银奖项目3项、铜奖项目3项的好成绩，4个项目进入分赛区展示。她还担任调控中心党支部宣传委员，为人诚恳，在各项活动中表现突出，展示了女工风采，得到了领导及同事的一致好评。

2020年11月18日，吉林电网遭受罕见的雨雪冰冻灾害，电力线路出现严重的积雪覆冰，多条次跳闸。丛犁主动请缨，坚持奋战在保电一线。面对数条电力通信网中断的紧急情况，她带领团队24小时不眠不休，逐一摸排吉林省328个电力光缆段，寻找出132条可用光缆段，建立通信网临时应急通信通道，避免了电网大面积停电。

随后，面对受灾现场通信光缆熔接难问题，丛犁又带领团队成员快速升级改造了团队研制的光缆熔接机防护箱，增加防护箱温控及远程监控等功能，并连夜将改造后的10余台防护箱送到抢修现场，提高了低温雨雪天气下的户外光缆熔接效率。

2021年，丛犁带领团队探索“大云物移智链”等信息通信新技术的应用，开展了5G技术对电网业务超低时延和大量连接的支撑作用研究，深入挖掘通信数据价值，在公司通信系统第一批高质量完成国网吉林电力通信网的通信站、光缆等34类通信资源70万余条数据上云，并创新研发通信资源数字化典型应用，应用效果具备全网推广条件。她主导设计的光缆熔接机防护箱、有源便携式通信端子检测笔等多项成果已在系统内外13家单位应用，实现成果转化增效116万元。

2022年，丛犁所带领的团队凭借“被动式10千伏通信光缆保护装置”获得中国能源化学地质工会全国委员会三等奖，她所提出的一种车联网内容边缘卸载方法、移动资源分配系统获得国网吉林电力专利奖三等奖，“降低10千伏电力通信光缆月故障次数”同时获得吉林省质量管理小组交流活动一等奖、水利电力质量管理小组交流活动一等奖、国网吉林电力优秀质量管理（QC）小组二等奖，她所带头组织研发的“通信线缆维护与检测集装箱”获中国电机工程学会通信专委会“五小”创新优秀成果二等奖。

从犁总觉得自己是个幸运儿，在成长的路上得到了许多人的帮助。她始终怀着一颗感恩之心，通过“班组大讲堂”“专业技术大家讲”活动将自己的技能分享、传承给更多的人。

第四节

兼收并蓄，同筑和谐之美

家庭是社会的基石，家庭和睦则社会安定，家庭幸福则社会祥和，家庭文明则社会文明。由此可见，家庭建设具有重要意义。

党的二十大报告指出，“实施公民道德建设工程，弘扬中华传统美德，加强家庭家教家风建设，加强和改进未成年人思想道德建设，推动明大德、守公德、严私德，提高人民道德水准和文明素养”。习近平总书记高度重视家庭文明建设，指出“不论时代发生多大变化，不论生活格局发生多大变化，我们都要重视家庭建设，注重家庭、注重家教、注重家风，紧密结合培育和弘扬社会主义核心价值观，发扬光大中华民族传统家庭美德”，要推动全社会注重家庭家教家风建设，激励子孙后代增强家国情怀，努力成长为对国家、对社会有用之才。党的十八大以来，在以习近平同志为核心的党中央坚强领导下，全社会以社会主义核心价值观为引领，自觉把爱家和爱国统一起来，把实现家庭梦融入民族梦之中，形成新时代家庭文明新风尚。

法国哲学家蒙田说过，一个人能和家人和睦相处，这是人生的重大成就。可见，拥有和谐融洽的家庭关系非常重要。家庭是甜蜜温馨的港湾，家人是弥足珍贵的财富，他们会在你成功时欢欣鼓舞，在你失败时鼎力相助。只有事业没有家庭，不算真正的成功，因为无人与你分享；同样，只有家庭没有事业，也不算真正的幸福，因为缺乏个人价值。

家风的“家”，是家庭的“家”，也是国家的“家”。每一个人的成长成才，每一个家庭的蒸蒸日上，必将使得我们的国家欣欣向荣，民族的未来更加光明。而不忘“家国”来时路，也将使得我们不管走了多远，都永葆初心而不迷失。家庭是温暖的港湾，家国是不变的情怀，让我们以小家为基点，以大家为追求，在壮丽的新征程上踔厉奋发，笃行不怠。

作为国网吉林电力的新员工，不仅要有过硬的技术和理论知识，更要有良好的身心素质和家庭支持作保障。我们要增强对家庭的责任感，多给父母温情的陪伴，多给爱人浪漫的惊喜，多给孩子关爱和教育，我们会在建设幸福家庭的同时，享受到更多家庭带来的温馨与力量。我们要自觉增强荣誉感和归属感，在守正创新中展现新形象，在担当作为中体现新价值，把智慧和力量凝聚到公司高质量发展建设上来，主动担当家庭社会和工作责任，始终保持积极的人生态度、良好的道德品质、健康的生活情趣，在和谐氛围中更好地处理工作，享受生活。

【延伸阅读一】

风雨兼程　一路相伴

2021 年按照国家巩固脱贫攻坚成果助力乡村振兴有效衔接政策，国网和龙市供电公司帮扶村由镇兴村变成了南坪镇的高产村。

“美玲，知道吗？公司正在挑选高产村的帮扶联系人呢。”

“知道啊，咱们一起吗？”

褚广鹏和郑美玲这对心意相通，又有帮扶经验的小情侣双双成了高产村的帮扶联络人。

由于有了之前镇兴村的帮扶经验，二人说干就干，从产业增收、文化建设、医疗卫生、社会保障等各个方面开展有效的工作，真正把高产村村民团结在一起。

由于两人在公司都有自己的岗位，开展帮扶工作多数都在周末和节假日进行，但小情侣从无怨言，反而当这是“特殊的约会”。

在帮助村民解决生活困难的同时，如何带领村民致富成了两人心中的头等大事。

当褚广鹏了解到村里的养牛户急需安装动力电，发展黄牛养殖业时，他立足岗位，发挥专业特长，进行现场勘查，采取就近的原则，变压器由50千伏安增容至200千伏安，让7户养牛户用上了动力电，带动激发了农民致富的积极性。

两人还利用“国家扶贫日”积极开展宣传活动，走村入户地发放扶贫政策宣传册，使村民了解政策、掌握政策，尽快致富。在宣传的过程中，谁家用电有个小问题，褚广鹏总是拿出随身携带的工具，帮忙解决。换个灯泡，修个插座，两人配合默契。

高产村里的代表性产业以黄牛的育肥、繁育和玉米、大豆等粮食作物种植产业为主，褚广鹏、郑美玲两人在帮扶的过程中，结合高产村的实际，参与村委产业项目实施方案，共计使93名脱贫人口参加产业项目收益分配，累计增收11.22万元，在全村掀起乡村振兴的热潮。

节日里带着礼品去慰问村里孤寡老人，与老人闲聊家常；秋收时，带着工具，参与村民的农忙秋收；村里发展经济，帮助养蜂户售卖蜂蜜；一桩桩一件件，两人尽职尽心，从无差错。

两人来高产村的次数多了，和村里人都相熟了，知道这是一对小情侣，闲时就会问：“广鹏，什么时候喝你的喜酒啊？”

“快了，等到结婚一定请您去。”

最好的感情就是彼此共同进步，事业上两人同心同力，共筑梦想；感情上两人恩爱如初，甜蜜无限；互相理解，为爱付出，这就是令人羡慕的爱情。

相恋五年，两人的感情早已到了谈婚论嫁的程度，可由于工作繁忙，婚礼一直拖着，两家的老人操碎了心，换来的总是一句“我们感情好着呢，只是太忙了！”

要结婚，婚房成了两人面临的首要问题，两人怀着憧憬开始了看房之路。但郑美玲之前腿摔坏过，路走多了就疼得受不了，为了心爱的人，褚广鹏总是悄悄一人去看房，然后拍照发给郑美玲，经过两人的谨慎挑选，2022 年 9 月，两人的婚房终于定了下来。

爱情是两个人的事，幸福就是两家人的事。春节里，两家人聚在一起商量结婚事宜，两人的爱情得到了双方家长的认可和祝福。

相伴的路上虽然有些许坎坷，他们依然并肩作战、共同成长，彼此坚定，也对家庭的意义有了更深层次的理解。家庭不仅是灵魂的归宿，也是动力的源泉。

【延伸阅读二】

“超人妈妈”是个行动派

工作上，她是青年岗位能手、巾帼建功标兵、优秀专家人才；家庭中，她是身兼数职的“超人妈妈”。每天，林海丹都在职场和家庭之间进行着完美转换。

2011 年 6 月，林海丹从吉林大学化学学院高分子化学与物理专业博士毕业，同年进入电科院工作。为了快速掌握专业技能，她努力抓住各种机会出现场，在现场她总是唯一的女同志。2013 年，她首次作为项目负责人承担了省公司和国家电网有限公司两项课题。好事成双，同年她的女儿也降生了，为了平衡好员工和母亲的双重身份，扎实做好自己的生产和科研工作，她克服了初为人母的种种困难，付出了更多的时间和精力，科研工作一刻也没有松懈，育儿闲暇整理数据资料，调剂生活。这一年她共发表了论文三篇：一篇 SCI 期刊、两篇 EI 期刊，并在年底获得了电科院论文发表第一名的好成绩。付出总有回报，她首次承担的科技项目同时拿到了国网吉林电力科技进步一等奖和吉林省电机工程学会科技进步一等奖，得到了大家的一致认可。

2017 年，爱人出国交流，她独自承担了家庭的责任，体验了接送孩子后马不停蹄地赶往单位完成工作任务；体验了周末带孩子转战各种培训班；体验了出差在外，利用打车软件提前规划家里孩子的出行；体验了带着老人孩子一起出差的状况百出却又乐趣无限。这一年，她获得了七项奖励，获得了电科院优秀专家人才、省公司“和美家庭”等荣誉。随后几年，她的科研创新工作迎来爆发期，主持攻关国家电网有限公司等各级科研项目 5 项，获科技进步奖 22 项，发表论文 40 余篇，授权发明专利 20 余项，先后获评省公司级优秀专家和首席工匠，入选国家电网有限公司青年人才托举工程。与此同时，女儿在她和老公的耐心陪伴与悉心教育下，德智体得到了全面发展，不仅在校成绩优异，并且多次在机器人、编程和乒乓球等少儿比赛中斩获殊荣，2021 年拿到了中国青少年机器人竞赛吉林省赛区一等奖，真正实现了工作家庭两不误。

2022 年，她作为揭榜人第一次成功揭榜了省公司揭榜挂帅项目，创新性将油中金属赋存形态引入变压器缺陷诊断领域，填补了国际该领域空白，获得两项国际发明专利授权。同年，她的二宝出生，实现了儿女双全，如何在工作和家庭中找到平衡点给她带来了新的考验。“工作的时候专注提升效率，下班的时候专注感受家庭和生活的美好，就是要快乐工作、快乐生活！”林海丹在青年典型故事分享会中对广大青年如此说道。

阅读思考

1. 在家庭、社会和工作中，你分别扮演着怎样的角色？
2. 在保持阳光心态上，你有哪些经验和窍门可以分享？
3. 在家庭生活与工作的平衡上，你有哪些心得可以分享？